VORTRÄGE UND AUFSÄTZE
herausgegeben vom
Verein für Hamburgische Geschichte

Heft 26

ISBN 3-923356-03-X

URSULA RANDT

CAROLINENSTRASSE 35

Geschichte der Mädchenschule der Deutsch-Israelitischen Gemeinde in Hamburg 1884–1942

Hamburg 1984
Selbstverlag
Verein für Hamburgische Geschichte

Dem Andenken meiner Eltern
Dr. Egon Klebe und
Johanna Klebe geb. Krumm
gewidmet

INHALTSVERZEICHNIS

DANK

So viele haben zur Entstehung dieser Schrift beigetragen, daß es unmöglich ist, alle Namen zu nennen. Herzlich danken möchte ich den Mitarbeitern des Hamburger Staatsarchivs, die mich oft und geduldig beraten haben. Ohne ihre Hilfe wäre diese Arbeit nicht zustande gekommen: Herr Siegmund Wülfken hat das reiche Archivmaterial bereitgestellt und mit einem raschen Blick für das Wesentliche geordnet. Es ist ihm gelungen, immer neue Quellen aufzuspüren. Zusammen mit Herrn Jürgen Sielemann ist er dem Schicksal zahlreicher Kinder, Lehrerinnen und Lehrer nachgegangen, die Opfer der Verfolgung wurden. Dank auch Herrn Dr. Hans Wilhelm Eckardt vom Redaktionsausschuß des Vereins für Hamburgische Geschichte, der das Manuskript mit der Genauigkeit des Historikers gelesen hat. Mein besonderer Dank gilt Herrn Direktor Dr. Daniel Cohen von THE CENTRAL ARCHIVES FOR THE HISTORY OF THE JEWISH PEOPLE in Jerusalem für wertvolles Bildmaterial. Freundliche Unterstützung fand ich beim Institut für die Geschichte der deutschen Juden, Hamburg; Frau Irmgard Stein konnte noch kurz vor Abschluß der Arbeit ein Bild der Schulleiterin Mary Marcus ausfindig machen. Herrn Wilhelm Mosel, dem Vorsitzenden der Deutsch-Jüdischen Gesellschaft, Hamburg, verdanke ich mehrere wichtige Hinweise. Ehemalige Schülerinnen und Lehrer der Schule im In- und Ausland, unter ihnen Herr Dr. Arthur Spier in New York, bis 1940 Direktor der Talmud Tora Schule, haben Berichte, Dokumente und Bilder beigesteuert. Frau Esther Bauer geb. Jonas, Tochter des letzten Schulleiters der Mädchenschule, ebenfalls New York, hat das Bild ihrer Eltern lebendig werden lassen.

Schließlich sei dem Senat der Freien und Hansestadt Hamburg und dem Verein für Hamburgische Geschichte, die die Veröffentlichung dieser Schrift ermöglicht haben, vielmals gedankt.

EINFÜHRUNG

Im November 1977 feierte die Sprachheilschule Karolinenstraße 35 ein Schulfest. In den geschmückten Klassen und Korridoren herrschte fröhliche Stimmung. Nicht nur Eltern und Freunde waren gekommen, sondern auch für Fremde standen die Türen an diesem Tage offen.

Ich bin Sonderschullehrerin für Sprachbehinderte. Seit mehr als sechs Jahren arbeitete ich an dieser Schule, und ich kannte jeden Winkel des Hauses vom Keller bis zum Boden. Bald sollten wir es verlassen und in ein neues, modernes Gebäude ziehen.

Mitten im Trubel stand plötzlich eine kleine, alte Dame vor mir und sprach mich an. Ich hatte sie niemals vorher gesehen, und ebensowenig kannte sie mich. Sie sprach mit sichtlicher Bewegung: „Stellen Sie sich vor", sagte sie, „dies ist meine alte Schule. Ich habe sie von 1909 bis 1918 besucht. – Wissen Sie, daß dies eine jüdische Mädchenschule gewesen ist?"

Ich wußte es. Irgendwann hatte ich es flüchtig zur Kenntnis genommen. „Wissen es auch die Kinder?" fragte sie mit großer Eindringlichkeit weiter. „Wissen sie, was mit den Kindern geschehen ist, für die dieses Haus einmal erbaut wurde? Wissen sie es?" Dann fuhr sie fort, und ihre Stimme klang auf einmal traurig: „Ich bin durch alle Stockwerke gegangen. Ich habe gedacht, irgendwo wäre vielleicht ein Hinweis auf unsere Schule zu finden, eine kleine Tafel mit ihrem Namen, irgendein Zeichen der Erinnerung. Nichts. Wir sind wie ausgelöscht."

Von diesem Augenblick an hat mich die alte Schule nicht mehr losgelassen.

Die Unbekannte war so schnell im Gedränge verschwunden, daß ich sie nicht mehr finden konnte. Ich habe vergeblich überall im Haus nach ihr gesucht.

Durch eine Suchmeldung, die das „Hamburger Abendblatt" bereitwillig unter der Rubrik „Rundblick" veröffentlichte, fand ich sie nach ein paar Tagen wieder: Berthi K., Jahrgang 1902. Und noch zwei andere „Ehemalige" riefen bei mir an. Alle drei hatten die Zeit der Verfolgung in Hamburg überlebt, weil sie „arische" Angehörige hatten. Sie berichteten mir von ihrer Schulzeit in der jüdischen Mädchenschule Carolinenstraße 35.

Nach und nach habe ich noch viele Augenzeugen kennengelernt oder Briefe mit ihnen gewechselt: Dr. Arthur Spier, bis zu seiner Auswanderung nach den USA im März 1940 Direktor der Talmud Tora Schule und zuletzt auch der Mädchenschule, schickte Dokumente aus der Zeit des Nationalsozialismus an den Hamburger Senat. Ich schrieb ihm, und er gab mir freundlich Auskunft auf meine Fragen. Andere „Ehemalige" schickten mir Fotos und Berichte. Durch Zufall erfuhr ich, daß Esther B., geb. Jonas, die einzige Tochter des letzten Schulleiters der Mädchenschule, überlebt hatte und ebenfalls in New York wohnte, und ich nahm Verbindung zu ihr auf. Namen aus einer vergangenen Zeit wurden mir vertraut, einzelne Ereignisse traten hervor. Aber es ergab sich noch kein Zusammenhang.

Ich begann, genauer nachzuforschen. Von der Talmud Tora Schule war viel bekannt, allerdings nichts über die letzten Jahre ihres Bestehens. Von der Mädchenschule der Deutsch-Israelitischen Gemeinde gab es nur wenige Daten und Fakten.

Es hat lange gedauert, bis ich den Weg zum Hamburger Staatsarchiv fand. Hier lagert auf Mikrofilmen und in alten Akten Material in solcher Fülle, daß ich in der verhältnismäßig kurzen Zeit, die mir für diese Arbeit zur Verfügung stand, längst nicht alle Quellen ausschöpfen konnte.

Vergangenes gewann Konturen, wurde lebendig, fügte sich mosaikartig zusammen. Vor mir erstand eine Armenschule für Mädchen, die mit großen Hoffnungen gegründet wurde und stetig an Ansehen gewann; eine Schule, die gesellschaftliche und pädagogische Entwicklungen ihrer Zeit widerspiegelte und oft schon vorwegnahm; eine Schule, in der sich alte jüdische Kultur mit Deutschem und Hamburgischem verband; eine Schule, von der ein Hamburger Schulrat gesagt hat: „Es herrscht ein guter Geist“.

49 Jahre lang hat diese Schule in Hamburg alle Bedingungen für ein überaus glückliches Gedeihen gefunden. Seit 1933 war die Geschichte der Schule ein Spiegel der Eskalation nationalsozialistischer Gewaltherrschaft. Unerbittlich führte der Weg in die Vernichtung.

In den kalten, grauen Wochen zwischen Ende Oktober und Anfang Dezember 1941 sind aus der Schule mehr als 200 Kinder und Erwachsene verschwunden. Irgendwo in fernen Gettos und Lagern verloren sich ihre Spuren. Viele haben es bemerkt, wenige haben es ausdrücklich gebilligt, kaum einer hat Fragen gestellt.

Weniger als 100 Kinder mit ihren Lehrerinnen und Lehrern blieben damals noch eine Weile verschont. Sie haben der Hamburger Schulverwaltung im Frühjahr 1942 erhebliches Kopfzerbrechen bereitet: Die Schule mußte mit sofortiger Wirkung geräumt werden, da der Schulraum für „arische“ Kinder gebraucht wurde. Wohin mit den jüdischen Schülern und Schülerinnen? Die Schulverwaltung fürchtete, die Kinder mit dem gelben Stern könnten anderswo ein öffentliches Ärgernis erregen.

Ein öffentliches Ärgernis: Daniel Cohen; Ingeborg Feldheim; Ruth Meyer; Ellen Meyer; Manfred Meiberg; Hannelore Baum; Regine Jacobsen. Das waren die Jüngsten, die Kleinsten, die damals noch in der Jüdischen Schule unterrichtet wurden. Sie waren sieben Jahre alt und hatten gerade erst angefangen, sich auf ihre Zukunft vorzubereiten. Aber andere hatten beschlossen, daß diese Zukunft Auschwitz heißen sollte. Ihre Namen stehen hier für alle Kinder der Jüdischen Schule in Hamburg, die einen gewaltsamen Tod erlitten haben. Sind sie uns ein öffentliches Ärgernis geworden, als sie verschwunden blieben?

Wir haben in ihrer Schule unterrichtet, konferiert, gefeiert, Gäste empfangen. Die schwachen Spuren, die sie hinterlassen hatten, haben wir nicht wahrgenommen. Es gab kein Zeichen der Erinnerung an dem alten Gebäude – es gibt auch heute, im Sommer 1983, noch keins. 58 Jahre Schulgeschichte waren wie ausgelöscht. Allmählich beginnt man sich zu erinnern: 1982 wurde das Haus Karolinenstr. 35 unter Denkmalschutz gestellt.

Am 20. April 1984 jährt sich zum 100. Male der Tag, an dem die „Israelitische Töchterschule" der Deutsch-Israelitischen Gemeinde in Hamburg in der Carolinenstr. 35 feierlich eingeweiht und eröffnet wurde. Diese Schrift will die Geschichte der jüdischen Mädchenschule lebendig werden lassen, festhalten und bewahren. Sie beschreibt zugleich das Ende der Talmud Tora Schule, denn beide Schulen hatten zuletzt ein gemeinsames Schicksal.

Auf einem Friedhof in Eisenach habe ich gelesen:

„Ihr seid nicht tot. Tot sind nur die, die man vergißt".

Möge die Schule Carolinenstraße 35 vielen im Gedächtnis bleiben!

I. TEIL
(1880–1933)

Ein Wunsch wird Wirklichkeit (1880–1884)

Die sechs Herren der Baukommission zur Vorbereitung des Neubaus einer Mädchenschule der Deutsch-Israelitischen Gemeinde in Hamburg hatten Grund zu Freude und Genugtuung, als sie sich an einem Montagabend Ende Februar 1883 zu ihrer zweiten Sitzung trafen: Herr Marcus Nordheim[1], ihr Vorsitzender, Inhaber der angesehenen Firma M. Nordheim & Co., erklärte, daß er nicht nur – wie seit langem zugesagt – 100 000 Mark für den geplanten Bau spenden wolle, sondern alle Arbeiten auf seine Rechnung ausführen lassen werde, so daß die Gemeinde nur noch die Kosten der Ausstattung zu tragen habe. Das war weit mehr als erwartet, und Herr Matthias, dem das Projekt ganz besonders am Herzen lag, sprach Herrn Nordheim im Namen aller Anwesenden den wärmsten Dank aus[2].

Schon vor mehr als drei Jahren hatte man beschlossen, die beiden Schulen für arme Mädchen der Gemeinde in einem neu zu errichtenden Gebäude zusammenzulegen[3]. Damit sollte endlich ein Mißstand beseitigt werden, der nicht länger geduldet werden konnte: Die „Mädchenschule von 1818" war in dem Hause Bei den Hütten 52 untergebracht, das längst als baufällig galt[4]. Fräulein Eschwege, die Vorsteherin der Gemeindeschule, hatte sich schon im Frühjahr 1880 gezwungen gesehen, ihr Amt aus Gesundheitsgründen niederzulegen. Es gab keinen Zweifel, daß die ungesunden Schulverhältnisse schuld an ihrem beklagenswerten Zustand waren[5]. Seitdem leitete Fräulein Lippmann die Schule[6]. Kaum besser erging es der „Israelitischen Mädchenschule von 1798", einer privaten Stiftungsschule unter der Leitung von Fräulein Marcus. Sie befand sich in einem recht dürftigen Hinterhaus des Grundstücks II. Marktstraße 5, das dem Mädchen-Waisenhaus Paulinenstift abgemietet worden war. Räumliche Enge behinderte den Unterricht. Die Gemeindeschule wurde fünfklassig geführt, die Mädchenschule von 1798 sechsklassig; da die achtjährige Schulpflicht eingehalten werden mußte, konnte also nicht einmal jedem Jahrgang ein gesondertes Klassenzimmer eingeräumt werden[7].

Obwohl die beiden Schulvorstände längst die Einwilligung zur Vereinigung ihrer Schulen gegeben hatten und das Geld für den Neubau seit Jahren bereitlag, waren die notwendigen Verhandlungen nur schleppend in Gang gekommen. Endlich war Herr Nordheim ungeduldig geworden und hatte gedroht, seine Spende zurückzuziehen und einem dankbareren Objekt zuzuwenden. Danach hatte er die Angelegenheit selbst in die Hand genommen, denn der Bau der Schule war ihm, wie er betonte, ein Herzenswunsch[8].

Auf Antrag hatten Senat und Bürgerschaft einen 1170 qm großen Bauplatz an der Ecke Carolinen-/Kampstraße[9] bewilligt und unentgeltlich zur Verfügung gestellt. (Es war in Hamburg üblich, Privatschulen, die ohne Staatshilfe unterhalten wurden, auf diese Weise zu unterstützen.) Das schöne Grundstück war für ein großes Schulhaus mit einem angrenzenden Spielplatz gut geeignet. 400–500 Kinder sollten dort untergebracht werden[10]. Anfängliche Bedenken wegen der zu weiten Schulwege waren bald zerstreut. Die meisten Mädchen wohnten in der Neustadt, wenige vor dem Dammtor; alle konnten die Schule zu Fuß erreichen, wenn auch mit etwas mehr Zeitaufwand als bisher.

Es waren bereits etliche Vorentwürfe verschiedener Architekten eingegangen. Auch Martin Haller hatte mehrere Vorschläge eingereicht[11]. Doch Herrn Nordheims Wahl war auf den Plan des Baumeisters v. der Heyde gefallen – für die übrigen Herren der Baukommission eine überraschende Ent-

1. Karolinenstraße 35, 1983

scheidung[12]. Es blieb aber noch Zeit, sich mit Einzelheiten des Entwurfs auseinanderzusetzen, denn zu dieser wichtigen Sitzung im Februar waren der Bauführer Herr Dahm und Fabrikant Feuring eingeladen, um den Anwesenden nähere Erläuterungen zu geben und Fragen zu beantworten. Sie erschienen bald mit den Bauzeichnungen für die „Israelitische Töchterschule"[13]. Der Name stand schon seit einer Besprechung des Vorstandes der Gemeindeschule am 5. Dezember 1880 fest[14].

Der Neubau nahm nun in der Vorstellung allmählich Gestalt an: ein dreistöckiges Haus, mit gelben Klinkern verkleidet, die Fassade sparsam verziert. Außer einer Aula im 2. Stock und den übrigen Räumen für das Kollegium und die Vorsteherinnen sollte es fünfzehn Klassenräume enthalten, kleiner als die Klassenzimmer der üblichen Volksschulen, doch ausreichend für jeweils 30–40 Schülerinnen. Der Keller war u. a. für die Hausmeisterwohnung und die sanitären Einrichtungen bestimmt.

In der anschließenden, lebhaften Diskussion mußten sich die Herren Dahm und Feuring vielen Fragen stellen, und es gab auch einige kritische Einwände. Besonderes Interesse weckten Herrn Feurings Ausführungen zu dem modernen Heizsystem „Perkins", das eingebaut werden sollte. Niemand kannte das neue Verfahren, doch Herr Feuring betonte, daß er bereits die besten Erfahrungen damit gemacht habe. Da die Grundsteinlegung schon in greifbare Nähe gerückt war, beschloß die Kommission, auf die übliche Feier zu diesem Anlaß zu verzichten und statt dessen später die Einweihung des neuen Hauses um so festlicher zu gestalten[15].

Man trennte sich spät. Ein lang gehegter Plan wurde nun endlich Wirklichkeit!

2. Marcus Nordheim (1812–1899)

Die Bauarbeiten schritten während des Jahres 1883 schnell voran. Am 20. April 1884, einem Sonntag, mittags um 12 Uhr, war es endlich soweit: Die „Israelitische Töchterschule“ in der Carolinenstraße 35 öffnete ihre Türen für eine stattliche Anzahl geladener Gäste. In der Aula des neuen Hauses wurde die Schule mit Ansprachen und Chorgesang feierlich eingeweiht[16].

Die mühevolle und arbeitsreiche Last der Schulleitung teilten sich die beiden Vorsteherinnen der „Stammschulen“: Mary Marcus und Mathilde Lippmann[17]. Ungefähr 500 Anmeldungen für die Carolinenstraße hatten sie im Laufe der letzten Monate angenommen, die Vorbereitungen für die Eröffnungsfeier überwacht, den Umzug organisiert. Die Anstrengung hatte sich gelohnt. Nun endlich würde man unter unvergleichlich besseren Bedingungen als vorher arbeiten können!

Doch die große Freude über das schöne neue Schulhaus bekam bald einen Dämpfer: Bei jedem Gewitterregen des Sommers 1884 wurde der tiefliegende Keller durch Rückstau aus den Sielen überschwemmt. Unangenehme Gerüche zogen durch die Korridore[18]. Völlig unerträglich wurde die Lage jedoch im Winter, als die Heizperiode einsetzte. Das moderne Heiz- und Ventilationssystem „Perkins“ versagte! Übelkeit erregender Gestank verbreitete sich in allen Klassen. Bald wurden die Fenster aufgerissen, um frische Luft hereinzulassen, bald wieder zugeschlagen, wenn die Kälte nicht mehr auszuhalten war. Schülerinnen und Lehrkräfte litten an Kopfschmerzen, Schwindel und Erkältungskrankheiten, sogar Ohnmachten kamen vor. Oft blieb nichts anderes übrig, als die Kinder vorzeitig nach Hause zu schicken. Jedenfalls war an einen geregelten Unterricht nicht zu denken[19].

Besonders ärgerlich war das Verhalten des Architekten und des Fabrikanten Feuring, der die Heizanlage eingebaut hatte. Sie ließen sich nämlich durch die bewegten Klagen kaum beeindrucken, sondern blieben bei ihrer Behauptung, das System sei fortschrittlich und bewährt, überdies sei ein Fehler daran nicht zu finden. Und sie beharrten auch noch auf ihrer Meinung, als chemische Analysen der Luft im Hause und zahlreiche ärztliche Atteste die schädliche Wirkung der Geruchsbelästigung nachgewiesen hatten[20]. Im Februar 1885 mußte die Schule mit Genehmigung der Oberschulbehörde geschlossen werden. Die Zentralheizung wurde stillgelegt, solide Kachelöfen wurden eingebaut. Endlich konnte man im wahrsten Sinne des Wortes aufatmen[21].

Was aber blieb, war der Straßenlärm. „Es ist nämlich das Unterrichten in dieser von Pferdebahnen und besonders von Lastwagen stark frequentierten Gegend kaum möglich", klagte Mary Marcus im Sommer 1885. Sie erbat „Anlegung eines geräuschlosen Straßenpflasters[22]". Eng und stickig war es zwar im Hinterhaus an der Marktstraße gewesen – aber wenigstens ruhig! Doch die Hamburger Baubehörde ließ sich Zeit. Immer neue Beschwerden änderten nichts. 21 Jahre später, im Sommer 1906, bat der Vorstand der Deutsch-Israelitischen Gemeinde wieder einmal, die Umgebung der Schule mit einem „geräuscharmen Pflaster" versehen zu wollen, denn Mary Marcus hatte geschrieben: „... besonders vermögen die schwachen Kinderstimmen nicht, das Geräusch zu übertönen, das durch die unausgesetzt vorüberfahrenden Lastwagen, Droschken, Straßenbahnen u. a. verursacht wird"[23]. Es half alles nichts. Im Juni 1912 wurde Physikus Sieveking eingeschaltet. Er bestätigte: „Die Schule leidet in ihren Vorderklassen sehr unter dem Straßenlärm der Carolinenstraße. Die schweren Lastwagen werden dort der Zollvereinsniederlage halber besonders oft vorbeigeleitet"[24]. Ob sein gewichtiges Wort mehr zählte als das der Mary Marcus, läßt sich nicht sagen. Wahrscheinlich hat man sich irgendwann mit dem Lärm abgefunden. Denn abgesehen vom Straßenlärm folgte nach den Aufregungen des ersten Jahres eine Periode friedlicher, kontinuierlicher Arbeit. Als Schulinspektor Dr. Dilling im Sommer 1889 der Schule wiederholt Besuche abstattete, gewann er einen sehr angenehmen Eindruck. Er schrieb: „Alle Klassen sind hoch, hell, geräumig und luftig. Die Wände sind bis Schulterhöhe mit Holz verkleidet, übrigens mit Ölfarbenanstrich versehen. Die gesamte Einrichtung des Schulhauses ist zweckmäßig und gut gehalten. Das ganze Schulhaus zeichnet sich durch Ordnung und Sauberkeit aus"[25].

Auch die Unterrichtsproben in den Schulklassen fanden überwiegend seinen Beifall, wenn es auch dies und jenes zu bemängeln gab. Doch im ganzen drückt sein Bericht große Zufriedenheit aus.

Die neue Schule erfüllte pädagogisch alle Erwartungen, die man in sie gesetzt hatte.

Schulleben in der Carolinenstraße (um 1890)

Der Andrang auf die Israelitische Töchterschule war groß. 468 Schülerinnen füllten 1889 das neue Haus mit Leben. Einige Monate vorher waren es sogar um 500 gewesen! Die beiden Vorsteherinnen hatten genug zu tun, um gemeinsam mit ihren 25 Lehrerinnen und Lehrern den Unterrichtsbetrieb zu regeln. Dabei konnten nicht einmal alle Lehrkräfte voll eingesetzt werden: Die junge Präparandin z. B. war nur geeignet, Hilfsdienste zu leisten, die 7 Fachlehrerinnen und -lehrer durften keine Klasse führen, und daß die Aspirantin Sara Jacobsohn beschäftigt wurde, galt als ordnungswidrig; denn trotz großer Anstrengung fiel sie immer wieder durch die vorgeschriebenen Prüfungen. – Übrigens waren sechs der Damen und Herren evangelisch oder reformiert. Alle 15 Klassenräume waren mit durchschnittlich 30 Mädchen voll besetzt. Die ersten 7 Klassen wurden in Parallelzügen geführt. Dagegen waren in Klasse I, das 8. und letzte Schuljahr, nur 24 Schülerinnen gelangt, für die ein Raum ausreichte. Neuerdings hatte man eine Selekta eingeführt, ein freiwilliges 9. Schuljahr. Vorerst war das Interesse daran gering; die 6 Selektanerinnen bekamen ein paar gesonderte Stunden und mußten sonst am Unterricht der Klasse I teilnehmen[26]. Erst ab 1894 wurde die Selekta zu einer gut besuchten ständigen Einrichtung[27].

Daß sich die Schule eines so regen Zuspruchs erfreute, verdankte sie u. a. ihrem ausgezeichneten Ruf. Schon die beiden Stammschulen hatten – ungeachtet der dürftigen Unterbringung – beachtliches Ansehen genossen. So hatte in dem Gutachten der Oberschulbehörde zur geplanten Vereinigung der jüdischen Mädchenschulen und Gewährung eines Bauplatzes gestanden: „Beide Schulen, deren Leistungen nach Maßgabe der Verhältnisse höchst anerkennenswert sind, stehen unter sorgfältiger Verwaltung“[28].

Im übrigen gab es für viele jüdische Familien aus finanziellen Gründen kaum Alternativen zur Mädchenschule in der Carolinenstraße. Die privaten nichtjüdischen „Höheren Töchterschulen“ nahmen – soweit sie nicht konfessionell gebunden waren – auch jüdische Schülerinnen auf; aber nur wohlhabende Bürger konnten sich das hohe Schulgeld leisten. Teuer war auch die 1863 von Dr. Moritz Katzenstein gegründete liberale jüdische Privatschule, die 1892 von Dr. Jacob Loewenberg übernommen wurde. 1893 kam noch die streng orthodoxe höhere Mädchenschule Bieberstraße dazu, die ebenfalls gut verdienenden Kreisen vorbehalten blieb[29].

Die Hamburger öffentlichen Volksschulen standen natürlich allen sozial Schwachen offen, und es war bekannt, daß sie Beachtliches leisteten. Trotzdem übten sie auf jüdische Eltern kaum Anziehungskraft aus. Im Schuljahr 1902/03 besuchten nicht einmal 5 % aller jüdischen Schulkinder Volksschulen. Gerade in Hamburg war das Bildungsstreben der jüdischen

Bevölkerung besonders groß; mit einem Volksschulabschluß mochte sich kaum jemand begnügen[30].

Die Deusch-Israelitische Gemeinde erhob für ihre Töchterschule ein jährliches Schulgeld von 12 bis 60 Mark, je nach finanzieller Lage der Eltern. Doch selbst der geringste Satz war vielen zu hoch. Gänzliche Befreiung wurde daher großzügig gewährt; die Zahl der Freistellen betrug in manchen Jahren fast 50 %[31]. Dann blieben wöchentlich nur 10 Pfennige, die von jeder Schülerin für Bücher, Lehrmaterial, Nähutensilien usw. zu entrichten waren. Die Mädchenschulen belastete den Etat der Gemeinde also erheblich.

Die Verwaltung der Schule lag nach Paragraph 6 der Statuten in den Händen eines Vorstandes, der sich aus einem Mitglied des Gemeindevorstandes als Präses und acht Gemeindemitgliedern zusammensetzte. Paragraph 29 der Statuten bestimmte, daß die Oberlehrerinnen an den Sitzungen des Vorstandes mit beratender Stimme teilzunehmen hatten[32].

Mit großer Sorgfalt wandte man sich bei solchen Sitzungen auch Fragen der Bildungsziele zu. Der Lehrplan orientierte sich an dem der Hamburger Volksschule, wurde jedoch durch mehrere Fremdsprachen und einen intensiven Literaturunterricht in den beiden Abschlußklassen wesentlich erweitert. Im 2. Schuljahr wurde schon Hebräisch eingeführt, das den meisten Schülerinnen als Gebetssprache vertraut war und daher keine übermäßigen Schwierigkeiten bereitete; es wurde in allen Schuljahren mit 2 Wochenstunden unterrichtet[33]. Nach jahrelangem Hin und Her um den günstigsten Zeitpunkt für den Beginn des Englisch- und Französischunterrichts einigte man sich darauf, Englisch im 4., Französisch aber erst im 6. Schuljahr beginnen zu lassen[34].

Im Mittelpunkt stand der Deutschunterricht. Von 468 wöchentlichen Lehrstunden, die sich auf 18 Fächer verteilten, entfielen im Jahr 1889 111 Stunden allein auf das Fach Deutsch[35]. Möglichst fehlerfreie Beherrschung der deutschen Sprache in

Wort und Schrift galt als unabdingbar. Darüber hinaus sollte in den Oberklassen die Begegnung mit Werken deutscher Dichter ermöglicht werden. So umfaßte das Deutschpensum der 8. Klasse im Schuljahr 1912/13 u. a. „Minna von Barnhelm, die Jungfrau von Orleans, das Lied von der Glocke, Balladen von Goethe, Schiller, Uhland, Annette von Droste-Hülshoff, Gedichte von Rückert, den Freiheitsdichtern, von Chamisso, Heine, Reuter, Klaus Groth, Hebbel, von neueren und neuesten Dichtern. Im Anschluß an die Lektüre Lebensbeschreibung der Dichter"[36].

Mag auch bei derart hohen Ansprüchen, die an 14jährige gestellt wurden, manches oberflächlich geblieben sein: fest steht, daß kein jüdisches Mädchen eine der oberen Klassen verlassen konnte, ohne eine gewisse Kenntnis deutscher Klassiker erworben zu haben.

Auf der Unterstufe gab es ganz andere Probleme im Deutschunterricht. Schulrat Dr. Dilling sprach im Revisionsbericht von 1894 seine Verwunderung über höchst sonderbare „Sprachnachlässigkeiten und Sprachungezogenheiten" der kleinen Schülerinnen aus, die aus ihren schlichten jüdischen Elternhäusern offenbar eine ganz andere Mundart mitbrachten, als es der Hamburger Schulmann von Kindern kannte, deren Sprache durch das heimatliche Plattdeutsch geprägt war. Doch Geduld und Ausdauer der Lehrkräfte zahlten sich aus. Dr. Dilling stellte fest: „Übrigens ist anzuerkennen, daß die Sprachrichtigkeit und Sprechfähigkeit der Schülerinnen in den oberen Klassen zumeist auf eine befriedigende Stufe gebracht wird"[37]. Als 1909 das 25jährige Bestehen der Schule gefeiert wurde, schrieb der Berichterstatter im „Hamburger Familienblatt" über die Deklamationen der Schülerinnen sogar: „Die sinngemäße Betonung und reine Aussprache machten auf die Hörer einen vortrefflichen Eindruck"[38].

Der erfolgreiche Deutschunterricht darf wohl mit Recht als ein besonderes Verdienst der Schule gerade in den ersten

Jahrzehnten ihres Bestehens betrachtet werden, als sie noch Armenschule war. Wollte man den Schülerinnen einen sozialen Aufstieg ermöglichen, so mußte man sie zunächst lehren, die deutsche Sprache einwandfrei zu sprechen und zu schreiben. Niemand wußte das besser als Mary Marcus; sie war eine hervorragende Sprach- und Sprecherzieherin.

Natürlich war es nicht leicht für die Schülerinnen, den Anforderungen gerecht zu werden, und längst nicht alle schafften es. Die „Schwachen" bereiteten immer wieder große Sorge. Oft blieb nichts übrig, als einige Mädchen vom Englischunterricht zu befreien und sie stattdessen in Deutsch und Rechnen zu fördern[39]. Befreiung vom Hebräischunterricht kam dagegen nicht in Frage. Französisch war wahlfrei. Ein zusätzliches Problem bildeten die Schülerinnen, die von auswärts zuzogen und nur geringe Vorkenntnisse mitbrachten. Sie wurden kurzerhand dem Jahrgang zugeteilt, in dem sie mitarbeiten konnten, ohne Rücksicht auf ihr Alter und ihren Entwicklungsstand. Nur so erklärt es sich wohl, daß 1890 ein 14–15jähriges Mädchen aus der untersten Klasse entlassen wurde.

Eine Übersicht aus dem Jahr 1891 zeigt, wie hoch die Zahl der vorzeitigen Abgängerinnen war:[40]

Nach vollendetem 14. bzw. 15. Lebensjahr entlassen

aus Klasse	1885	1886	1887	1888	1889	1890	1891	Total
1	20	20	22	21	26	13	22	144
2	18	15	12	11	22	11	12	101
3	9	6	8	7	10	12	7	59
4	9	2	8	10	3	10	6	48
5	1	–	3	3	2	2	1	12
6	–	1	–	2	–	1	1	5
7	–	–	–	–	–	–	–	–
8	–	–	–	–	–	1	–	1
	57	44	53	54	63	50	49	370

In den ersten sieben Jahren hatten also nur knapp 40 % der Schülerinnen den vorgesehenen Abschluß erreicht. Überforderte die Schule die Kinder? Die Diskussion um angemessene Lehrziele stand bald im Mittelpunkt heftiger Kontroversen.

Auseinandersetzung um die Lehrziele (1891)

Im Jahr 1891 wandte sich der Schulvorstand mit der Bitte um Gehaltserhöhung für einige Lehrkräfte an den Gemeindevorstand – eine nur allzu begründete Forderung! Man wünschte nichts weiter als Angleichung der Gehälter an die der Lehrer und Lehrerinnen öffentlicher Volksschulen[41]. Der Gemeindevorstand aber fand anscheinend, daß der Etat der Gemeinde durch die Schule ohnehin zu stark belastet sei und suchte nach Möglichkeiten, die Ausgaben zu senken. Wurde die Töchterschule nicht zu aufwendig geführt? Konnte man nicht durch eine bescheidenere Organisation des Schulbetriebes sparen?

Das Repräsentanten-Kollegium wählte eine Kommission, die diese Frage fachkundig klären sollte. Als pädagogischer Berater fungierte Direktor Dr. Zahn von der Klosterschule. Die umfangreiche Niederschrift der Kommission über ihre Untersuchungsergebnisse ist erhalten geblieben[42], ebenso die Entgegnung, das „Promemoria des Vorstandes der Israel. Töchterschule“[43]. Eingehende Stellungnahmen der beiden Schulvorsteherinnen unterstützten und ergänzten die Ausführungen des Schulvorstandes[44].

Die Auseinandersetzung muß große Aufregung ausgelöst haben, ging es doch um nichts weniger als um die höheren Bildungsziele der Schule und damit um ihren Rang und ihr Ansehen. Der Schriftwechsel gibt Zeugnis von einem Vorgang, der nicht nur bedeutsam für die Geschichte der Schule ist, sondern gleichzeitig die Situation der Mädchenbildung um die Jahrhundertwende eindrucksvoll beleuchtet.

Die Herren der Kommission stellten zunächst fest:

1. In den Jahren 1885–1891 sei eine große Zahl von Schülerinnen nach beendeter Schulpflicht abgegangen, ohne den Abschluß der 1. Klasse erreicht zu haben.
2. Die Leistungsfähigkeit der Schule gehe über die der Volksschule hinaus, erreiche aber nicht diejenige einer höheren Töchterschule. (Volksschulen lehrten damals eine Fremdsprache – Englisch – fakultativ, aber nur für Knaben.)
3. Eine Schülerin der Töchterschule verursache höhere Kosten als eine Volksschul-Absolventin, obwohl beide die Schule mit dem vollendeten 14. Lebensjahr verließen. (Den Vergleich mit den zweifellos viel höheren Kosten für einen Schüler der Talmud Tora Schule stellten die Herren freilich nicht an.)

Über die angestrebten Berufe der Abgängerinnen gab folgende Tabelle Aufschluß:[45]

Buchführung:	18 Schülerinnen
Haushaltung:	122 Schülerinnen
Kindergärtnerin:	8 Schülerinnen
Lehrerin:	11 Schülerinnen
Musik:	4 Schülerinnen
Putzfach:	24 Schülerinnen
Schneiderin:	60 Schülerinnen
Stickerin:	27 Schülerinnen
Verkäuferin:	57 Schülerinnen
Wäschekonfektion:	8 Schülerinnen
Unbestimmt:	30 Schülerinnen

Das nimmt sich nach heutigen Maßstäben bescheiden aus. Bedenkt man jedoch, daß von den 3622 Volksschulabgängerinnen in Hamburg im Jahr 1891 über die Hälfte Dienstmädchen wurden und fast 30% im Hause blieben, läßt die Aufstellung der Berufe unbemittelter jüdischer Mädchen eine vergleichsweise große Vielfalt erkennen[46].

Unter Berücksichtigung aller ermittelten Fakten – viele vorzeitige Abgänge von der Schule, bescheidene Lebensstellung der Abgängerinnen, verhältnismäßig hohe Kosten pro Schülerin – kamen die Herren gemeinsam zu dem Schluß, „daß sowohl der starke Abgang aus den unteren – zweiten bis vierten Classen – als auch ganz besonders die von den abgehenden Schülerinnen eingeschlagenen Berufswege es nicht rechtfertigen, aber auch nicht verständlich erscheinen lassen, warum die Schule überall über das Ziel einer Volksschule hinausgreife." Weiter meinten sie, daß „jedenfalls Einschränkungen der Ausgaben möglich" seien, „wenn der Vorstand der Israelitischen Töchterschule mehr das nothwendige – weniger das durch Überlieferung etc. übernommene oder sich im Laufe der Jahre eingebürgert habende – Ziel als Aufgabe der Schule betrachten würde."[47]

Endlich konstatierten sie: „Nachdem durch competentes pädagogisches Urteil festgestellt ist, daß bei der jetzt bestehenden Organisation der Israelitischen Töchterschule das für die Ausbildung des größten Theils der unbemittelten Schülerinnen nothwendige Ziel überschritten wird ... kann die Commission ... nicht empfehlen, weitere Mittel zu bewilligen, da ihrer Meinung nach die von der Gemeinde beigetragenen erheblichen Subventionen vollkommen zur Erhaltung eines für das Leben nothwendigen Volksschulunterrichtes ausreichen."[48]

Mit Empörung wandte sich der Schulvorstand „gegen das Ansinnen, das Lehrziel unserer Schule herabzusetzen"[49].

Die beiden Vorsteherinnen bemerkten in ihrem Schreiben, „daß wir nicht wissen, wodurch Herr Direktor Zahn Gelegenheit hatte, sich ein Urteil über unsere Schule zu bilden"[50]. Punkt für Punkt widerlegten sie die Schlußfolgerungen der Kommission. Anhand einer Statistik der Oberschulbehörde konnten sie nachweisen, daß auch an den öffentlichen Volksschulen etwa 50% der Schülerinnen ohne Abschluß abgingen, und ganz ähnlich lagen die Verhältnisse an allen anderen Hamburger Schulen.

Ebenso ließ sich belegen, daß viele Kinder der Töchterschule erst in höherem Lebensalter mit geringen schulischen Kenntnissen zugezogen waren und darum keinen Abschluß erreichen konnten. Außerdem arbeite man in derart konzentrischen Kreisen, daß schon am Ende der 2. Klasse (also des 7. Schuljahrs) eine abgeschlossene Bildung erreicht sei; im letzten Jahr werde der Lehrstoff lediglich wiederholt und gefestigt.

Im übrigen sei es nicht richtig, daß für die meisten der von den Schülerinnen gewählten Berufe geringe schulische Kenntnisse ausreichten. Ganz allgemein könnten die Mädchen „eine gründliche Schulbildung nicht entbehren, wenn sie sich in ihrem Fach eine bessere Stellung erringen wollten“[51]. Außerdem seien die höheren Lehrziele unbedingt nötig, um die Anziehungskraft der Schule auf die „besseren Mittelklassen“[52] sicherzustellen, von denen sowohl pädagogisch als auch finanziell großer Gewinn für alle zu erwarten sei.

Tatsächlich verursachte der Fremdsprachenunterricht – und dagegen vor allem richtete sich ja die Kritik der Kommission – keinen Pfennig zusätzliche Kosten, da er nicht von teuren Fachlehrern, sondern von „ordentlichen Lehrerinnen“ erteilt wurde, wie der Schulvorstand betonte.

Die Mehrkosten der Schule erklärten sich leicht aus den verhältnismäßig niedrigen Klassenfrequenzen, deren pädagogischer Wert unbestritten war, die aber auch aus räumlichen Gründen nicht erhöht werden konnten: die Klassenzimmer waren klein. Sollte man etwa die Parallelklassen aufheben und die Zahl der Schülerinnen willkürlich beschränken, um Lehrpersonal einzusparen und damit die Gemeindekasse zu entlasten?

Schulinspektor Dr. Dilling hielt sich übrigens bei dieser

Auseinandersetzung nicht abseits, sondern ermächtigte den Schulvorstand ausdrücklich, in seinem Namen zu erklären, „daß er allen Grund habe, mit der Schule zufrieden zu sein“[53].

Zum Schluß seiner Entgegnung gab der Schulvorstand der Hoffnung Ausdruck, „daß wenn die Schule im jetzigen Geiste fortgeführt und weiter gehoben wird, die Anzahl der zahlenden Schülerinnen sich vermehren und dadurch die Mittel werden beschafft werden können für die durch die nothwendigen Gehaltsverbesserungen sich steigernden Ausgaben“. Die Stellungnahme schließt mit den Worten: „Begnügt sich doch auch die Schule für die männliche Israelitische Jugend, die Talmud Tora Schule, nicht mit den Zielen der Volksschule, sondern hat sich mit Erfolg ein höheres Ziel gestellt“[54].

Der Vergleich einer Armenschule für Mädchen mit der hochangesehenen Talmud Tora Schule mag den Herren des Gemeindevorstandes kühn vorgekommen sein. Die Talmud Tora Schule besaß den Rang einer höheren Bürgerschule und hatte schon seit 1869 die Berechtigung, das begehrte „Einjährige“ als Abschluß zu erteilen[55]. Auch sie war ursprünglich eine Armenschule gewesen, aber mit Sicherheit hatte von ihr nie jemand verlangt, ihre Lehrziele auf ein dem niederen Stand vieler Schüler „angemessenes“ Niveau zu senken.

Selbstbewußt hatte die Töchterschule ihr Konzept verteidigt, und unbeirrbar hielt sie an ihrem Kurs fest. Der Unterstützung der Hamburger Oberschulbehörde konnte sie dabei sicher sein.

Dr. Dilling bestätigte im Dezember 1894: „Die Schule steht nach den Ergebnissen der Revision auf dem Stand einer Mittelschule“[56]. Noch 1921 wurde sie als eine Schule definiert, „die eine Mittelstellung zwischen den Volksschulen und den höheren Schulen einnimmt und etwa einer preußischen Mittelschule entspricht“[57]. Ihr Ansehen wuchs stetig, und allmählich nahm auch ihre Anziehungskraft auf die „besseren Mittelklassen“ zu. Ihr Bestreben blieb, eine Schule für alle sozialen Schichten der jüdischen Bevölkerung zu werden, ein Ziel, das die Talmud Tora Schule schon verwirklicht hatte. Doch standespolitische Einwände waren so stark, daß es noch Jahrzehnte dauerte, bis die Vereinheitlichung des jüdischen Mädchenschulwesens in Hamburg endlich gelang.

Entwicklung und Erweiterung (1890–1910)

Wie groß mag das Haus Carolinenstraße 35 allen jenen vorgekommen sein, die 1884 aus der dürftigen Enge ihrer Schulen in der Neustadt hierher übersiedelten! Doch bald machte sich schon wieder ein empfindlicher Mangel an Räumlichkeiten bemerkbar. Immer mehr Schülerinnen strebten im Lauf der Zeit danach, die Selekta zu besuchen; dafür brauchte man ein eigenes Klassenzimmer. Dringlicher aber war noch der Wunsch nach einer geeigneten Turnhalle. Der Spielplatz hinter dem Haus reichte für den Bewegungsdrang von 4–500 Schülerinnen nicht aus. Turnstunden fanden in der Aula im 2. Stock statt. Doch abgesehen davon, daß das nur ein Notbehelf war, gab es Pläne, die Aula zu teilen, um neue Klassen zu gewinnen. Auch einen Zeichensaal hätte man gern gehabt; der Zeichenunterricht nahm eine bedeutende Stellung in der Schule ein, seit es Herrn Fritz Müller von der Realschule St. Pauli gelungen war, das Kollegium für seine neue Methode zu interessieren[58]. Um gute Resultate zu erzielen, brauchte man große Tische statt der schmalen Schulbänke in den Klassen.

Auf keinen Fall sollte der Spielplatz durch den Neubau einer Turnhalle verkleinert werden. Doch hinter dem Schulhof, an der Kampstraße – angrenzend zur benachbarten Volksschule – gab es noch ein geeignetes Stück Staatsgrund. Das Stallgebäude darauf wurde kaum noch genutzt[59].

Die Stadt überließ der Gemeinde das Grundstück gegen eine jährliche Mietzahlung von 200 Mark. Reg.-Baumeister Friedheim wurde mit dem Bau der Turnhalle beauftragt, die am 1. April 1900 „mit einem Redeactus und einem Schauturnen" eingeweiht wurde[60]. Eine Hälfte des Gebäudes diente als Zeichensaal. Jetzt endlich kamen „Die neuen Wege des Zeichenunterrichts"[61], in die Herr Friedrich Müller eine Anzahl Kolleginnen der Töchterschule eingeführt hatte, voll zur Geltung. In der Oberstufe unterrichtete er selbst, und die Mädchen schwärmten für ihn. Es ließ sich gar nicht vermeiden, daß er während der Stunden nah bei ihnen saß oder stand. Deshalb mußte immer eine Dame des Kollegiums mit anwesend sein; so erforderte es der Anstand[62].

Schulrat Dr. Schober, Dr. Dillings Nachfolger, zeigte sich sehr zufrieden mit der Entwicklung der Schule. 1902 schrieb er in seinem Revisionsbericht: „Die Israelitische Mädchenschule ist somit in der Lokalfrage den anderen halböffentlichen Mädchenschulen, die wie sie nach dem Lehrplan einer 8stufigen Mittelschule organisiert sind, sehr überlegen"[63].

Doch schon in den darauf folgenden Jahren warfen neue Unterrichtserfordernisse weitere Raumprobleme auf. Die Naturwissenschaften waren bisher allgemein in der Mädchenbildung gegenüber Sprachen und Literatur vernachlässigt worden. Nun wurden unüberhörbar Stimmen laut, die Chemie- und Physikunterricht auch für Mädchen forderten. Fräulein Marcus zeigte wie immer eine lebhafte Bereitschaft, solchen modernen Forderungen nachzukommen. Außerdem lag ihr schon lange anderes am Herzen, nämlich Hauswirtschaftsunterricht für die älteren Schülerinnen. Architekt Friedheim bekam den Auftrag, das Dachgeschoß zur Hälfte auszubauen[64]. Äußerlich wurde die Schule dadurch nicht schöner, aber wichtiger war, daß man auf diese Weise einen Physiksaal mit einem Arbeitsraum für den Lehrer und eine große Lehrküche gewann. An einem Sonntag im April 1910 waren die neuen Räume von 10–12 Uhr zur Besichtigung geöffnet[65]. Von nun an erfreute sich der Haushaltungsunterricht großer Beliebtheit bei den Schülerinnen der Klassen 1 und 2, zumal alle Speisen, die zubereitet worden waren, zuletzt selbst verzehrt werden durften.

Allerdings standen auch Waschen, Bügeln und Reinmachen auf dem Lehrplan. Doch das nahm man eben in Kauf. Für die Selekta und die Klassen 3–1 gab es nun einen umfangreichen Lehrstoff in Physik und Chemie zu bewältigen. Mit Neugier und Eifer lernten die Mädchen, wie eine elektrische Glühlampe, Telefon, Telegraph und die Dynamomaschine funktionierten, erfuhren von der Zusammensetzung der Luft, den Eigenschaften von Sauerstoff und Stickstoff, von Phosphor, Schwefel und Glasbereitung. Das alles war bisher ihren Brüdern vorbehalten geblieben[66].

Gute Erfahrungen machte man auch mit den neuen Unterrichtsfächern Stenographie und Buchführung, die in der Selekta eingeführt worden waren[67].

Der Ausbau des Dachgeschosses stand unmittelbar bevor, und die Schule hatte einen Höhepunkt ihrer Entwicklung erreicht, als am 28. März 1909 das 25jährige Jubiläum gefeiert werden konnte. Die festlich geschmückte Aula war bis auf den letzten Platz besetzt; Vertreter der Behörden und der Gemeinde, verschiedener Wohlfahrts- und wissenschaftlicher Anstalten und zahlreiche andere Freunde der Schule waren gekommen. Zu Beginn sang der Schülerinnenchor Beethovens „Die Himmel rühmen des Ewigen Ehre". Gemeindevorsteher Alfred Levy zeichnete in seiner Rede mit Stolz und Genugtuung die Geschichte der Schule während des vergangenen Vierteljahrhunderts nach. Danach ergriff Mary Marcus das Wort. Sie bezeichnete als Aufgabe der Schule „eine auf religiöser Grundlage beruhende gründliche Ausbildung der Mädchen für das praktische Leben". Größten Wert müsse auf die Gemütsbildung gelegt werden, „da der Weg zum Hirne durch das Herz der

Schul-Feier

zum

25jährigen Jubiläum

der Israelitischen Töchterschule

am

Sonntag, d. 28. März 1909

10 Uhr.

Die Himmel rühmen des Ewigen Ehre (Beethoven)
Ansprachen. [Sel., Kl. I u. II

1. Selekta **Esches chajil.**
2. „ **Iphigenie auf Tauris;** 3. Aufzug, letzter Auftritt (Goethe)
3. Kl. I. **The Inchcape-Rock** (Robert Southey)
4. „ IV. **Junker Duft u. Fräulein Luft** (Fr. Rückert).
5. „ II. **Les fleurs que j'aime** (Madame Collet).
   Neue Kinderlieder (Kleinpaul).
   Der Heuschreck.
   Ein Serenädchen.
   Ist der Frühling eingezogen.
6. „ VIII. **Kinderküche** (Dehmel).
7. „ VII. **Gänsegeschnatter** (Gustav Falke).
8. „ III. **The Bird's Nest.**
9. „ VI. **Wenn ich erst groß bin** (Julius Sturm).
10. Selekta **La mort de Jeanne d'Arc** (Delavigne)
    Stadt Hamburg an der Elbe Auen.
11. Kl. V. **Little Dick.**
12. „ I. **Der Brief aus der Heimat** (Annette von Droste-Hülshoff).
13. „ II. **Nis Randers** (Otto Ernst)
    Largo v. Händel, Sel., Kl. I. u. II.

Schauturnen in der Turnhalle, ausgeführt von Schülerinnen aller Klassen.

Liedertexte umstehend.

M. Leßmann, Hamburg

3. Programm zum 25jährigen Jubiläum

Kinder führe". Zuletzt gab sie der Hoffnung Ausdruck, „daß die Anstalt sich auch ferner zum Segen der jüdischen Gemeinde und zur Ehre unserer Vaterstadt kräftig entwickeln möge"[68].

Nun folgte ein buntes Programm, zu dem alle, von den Kleinsten bis zu den Selektanerinnen, etwas eingeübt hatten. Deutsch und Englisch, Hebräisch und Französisch ertönten in der Aula. Den Abschluß bildete ein Schauturnen in der Turnhalle. „Die mit Anmut und Genauigkeit ausgeführten Übungen, sowie die zierlichen Reigen wurden allgemein bewundert", lobte der Rezensent im „Hamburger Familienblatt"[69].

Viele hatten dazu beigetragen, die Schule auf den Stand zu bringen, den sie jetzt erreicht hatte. Doch jeder wußte, daß sie vor allem das Lebenswerk jener Frau war, die sich ihr Tag für Tag mit aller Liebe und Kraft widmete: Mary Marcus.

Mary Marcus – 56 Jahre im Dienst der Israelitischen Töchterschule (1868–1924)

Jahrzehntelang war die Israelitische Töchterschule untrennbar mit dem Namen ihrer Vorsteherin verbunden. Noch heute können ihre ehemaligen Schülerinnen – mittlerweile alte Damen um die 80 – nicht von ihrer Schulzeit erzählen, ohne liebevoll-bewundernd oder auch mit freundlicher Kritik ihrer Schulleiterin zu gedenken. Wer war die Frau, deren starke Persönlichkeit das Schulleben so nachhaltig geprägt hat? Mary Marcus hat nur wenige Selbstzeugnisse hinterlassen. Das Bild ihres Wirkens erschließt sich aus den Erzählungen „Ehemaliger", aus zahlreichen Notizen in Konferenzprotokollen, aus Revisionsberichten Hamburger Schulräte und aus der ausführlichen Laudatio ihres Kollegen M. Wolfermann anläßlich ihres Eintritts in den Ruhestand.

4. Mary Marcus (1844–1930)

Als sie sich im Januar 1884 um das Amt einer Oberlehrerin an der neuen Mädchenschule in der Carolinenstraße bewarb, schrieb sie in ihrer gestochen klaren, deutschen Handschrift ihren Lebenslauf:[70] „Ich bin am 16. August 1844 in Hamburg geboren. Ich besuchte von 1851 – 1859 die Töchterschule von Fräulein Johanna Lenning, nahm gleichzeitig und nach beendeter Schulzeit Privatunterricht in Religion und allen übrigen Lehrfächern, besuchte auch den von Herrn Voß geleiteten hiesigen Seminarkurs.

Von Oktober 1859 bis März 1862 unterrichtete ich an der höheren Töchterschule von Fräulein Minna Samson. Von 1862 bis 1868 war ich Erzieherin in der Familie des Herrn S. Spitz in Brünn.

Im April 1868 übernahm ich mein jetziges Amt als Schulvorsteherin der Israelitischen Mädchenschule von 1798, das ich seitdem mit Genehmigung der dritten Sektion der löblichen Oberschulbehörde ununterbrochen bekleidet habe. Jetzt hat der Vorstand der aus der Vereinigung unserer Anstalt mit der Mädchenschule der Israelitischen Gemeinde hervorgehenden „Israelitischen Töchterschule" beschlossen, mir gemeinschaftlich mit Fräulein Mathilde Lippmann die Leitung genannter Anstalt zu übertragen, wozu ich hiermit die Genehmigung einer hochlöblichen Oberschulbehörde ergebenst nachsuche"[71].

Der Schulvorstand stellte sie zum 1. April 1884 ein. Ihr Jahresgehalt betrug 2.000,– Mark, auszuzahlen postnumerando in vierteljährlichen Raten. Dafür hatte sie gemeinsam mit ihrer Kollegin von der Gemeindeschule die Leitung der Schule zu übernehmen und außerdem 12 Unterrichtsstunden wöchentlich zu erteilen[72].

Die Bedeutung ihres Amtes wurde durch eine kleine Schrift unterstrichen, die im Frühjahr 1884 erschien: „Instruktionen für die Oberlehrerin der Israelitischen Töchterschule der Deutsch-Israelitischen Gemeinde in Hamburg". § 2 bestimmte: „Um den

Anforderungen des ihr übertragenen Amtes nach allen Seiten vollständig genügen zu können, hat sie ihre ganze Arbeitskraft der Schule zu widmen"[73]. Man kann sich schwerlich eine Schulleiterin vorstellen, die diese Anweisung gewissenhafter befolgte als Mary Marcus: noch volle 40 Jahre lang!

Der Entschluß, die Leitung der Schule zwei Vorsteherinnen gemeinsam anzuvertrauen, erwies sich offenbar als glücklich: Die ernste strenge Mary Marcus und die eher heitere und liebenswürdige Mathilde Lippmann ergänzten einander auf angenehme Weise. Doch nach 15 Jahren, im April 1899, setzte Mathilde Lippmanns völlig unerwarteter Tod dieser Gemeinsamkeit ein jähes Ende[74].

Um eine mögliche Nachfolgerin gab es keine Diskussion. Es verstand sich von selbst, daß Mary Marcus auch allein imstande war, die Schule zu leiten.

Ihr Amt war um die Jahrhundertwende durchaus ungewöhnlich für eine Frau. Es gab nur Schulvorsteherinnen an kleineren Privatschulen für Mädchen, aber im Staatsdienst wurde die Leitung von Schulen ausschließlich Männern übertragen. Die Israelitische Töchterschule war von den 113 Schulen, die der Aufsicht der II. Sektion der Oberschulbehörde unterstellt waren, nach Klassen- und Schülerinnenzahl die umfangreichste[75]. Annähernd 500 Schülerinnen und ein entsprechend großes Kollegium – Lehrerinnen und Lehrer jüdischer und christlicher Konfession – stellten außerordentliche Anforderungen an das Führungsgeschick und das organisatorische Können der Schulleiterin. Mary Marcus meisterte alle Aufgaben mit bemerkenswerter Gelassenheit und Umsicht. Mit ruhiger, selbstverständlicher Sicherheit begegnete sie Eltern und Kindern ebenso wie Kollegen, Schulräten, den Herren des Gemeinde- und des Schulvorstandes. An den Sitzungen des Schulvorstandes nahm sie seit Mathilde Lippmanns Tod als einzige Frau teil. Und ihr Wort zählte. Schulinspektor Dr. Schober bemerkte in seinem Revisionsbericht vom 31. Oktober 1902 mit unverkennbarer Hochachtung: „Von der Vorsteherin selbst habe ich den Eindruck gehabt, daß sie der Leitung dieser großen Schule in jeder Weise vollkommen gewachsen ist“[76].

Während ihrer ganzen Amtszeit gibt es keinen Vorgesetzten, der einen Tadel an ihr findet. Schon Minna Samson schrieb ein sehr anerkennendes Zeugnis über die junge pädagogische Helferin an ihrer Schule. Das Ehepaar Spitz aus Brünn erging sich geradezu in Lobeshymnen über die Erzieherin ihrer drei Kinder[77]. Dr. Dilling, ein wohlwollender, aber kritischer und nüchterner Beobachter, hat Mary Marcus zum erstenmal 1889 im Unterricht erlebt. Er schrieb: „Die Vorsteherin Marcus macht durch ruhiges, sicheres Auftreten, sorgfältige und klare Fragestellung, Aufmerksamkeit auch auf scheinbar unbedeutende Dinge einen recht vorteilhaften Eindruck“[78]. Und 1894 berichtete er: „Die Vorsteherin Marcus erwies sich auch diesmal wie bei allen Anlässen, bei denen ich mit ihr zu verkehren gehabt habe, als ruhige, sorgfältige Lehrerin, verständig und klar in ihren Erläuterungen, aufmerksam auf alle Mängel in den Leistungen der Schülerinnen, z. B. energisch gegen die Versuche einiger unter diesen einschreitend, beim Lesen und Vortragen in Ziererei und singenden Ton zu verfallen“[79].

Wie haben ihre ehemaligen Schülerinnen sie in Erinnerung? Edith R., 77 Jahre alt und seit Jahrzehnten US-Staatsbürgerin, hat die gleichen Gedanken wie ihre Klassenkameradin Margot W., ebenfalls schon lange Amerikanerin: genau war sie, streng, pflichtbewußt. Klein – eine Handbewegung läßt auf eine Körpergröße von weniger als 1,60 m schließen –, aber unglaublich energisch. „Wenn heute mal ein Kind die Aufgaben vergißt – was macht das schon“, meint Mrs. W. Aber damals! Gleich wurde Ediths Mutter zur Carolinenstraße 35 bestellt und ins Allerheiligste, ins Vorsteherinnenzimmer, eingelassen. – Nichts entging Mary Marcus. Allerdings hielt sie nichts von Strafen; wenn schon, dann mußte die Strafe als unmittelbare Folge des Verstoßes gegen eine Ordnung erscheinen. Sie hielt sich da an § 9 der Schulvorsteherinnen-Anweisung: „Als geeignetes Mittel zur Bestrafung der Vergehungen wider die Schulordnung, namentlich des Unfleißes, der Unaufmerksamkeit, der leichtfertigen Unterrichtsstörungen und unbefugten Schulversäumnisse ist wöchentlich eine Nacharbeitsstunde einzurichten“[80]. Aber alle gröberen Maßnahmen waren völlig untersagt. Immer wieder bat Mary Marcus in den Lehrerkonferenzen, auch mit Worten vorsichtig zu sein und kein Kind etwa durch herabsetzende Bemerkungen zu verletzen. Bei aller Strenge und Korrektheit ging sie zartfühlend und behutsam mit ihren Schülerinnen um. Berthi K. erinnert sich da an eine Begebenheit aus dem 1. Weltkrieg: Berthis Mutter hatte der Tochter eine kleine Tüte mit Zucker als Geschenk für die Vorsteherin mitgegeben. Zucker war damals knapp und eine große Kostbarkeit! Einen Augenblick mag Fräulein Marcus zwischen dem Gebot unbedingter Unbestechlichkeit und dem Wunsch, das Kind nicht durch Zurückweisung zu kränken, geschwankt haben. Doch da fiel ihr der rettende Ausweg ein: „Du hast den Zucker nötiger als ich, Berthi“, sagte sie freundlich, „nimm ihn wieder mit nach Hause, nimm jeden Tag ein Löffelchen davon – und füge einen guten Gedanken für mich bei“. Und so geschah es.

Kam es vor, daß Mary Marcus gefehlt hat? Keine von den alten Damen kann sich an so etwas Unerhörtes erinnern. „Die wäre auch mit 39° Fieber noch gekommen“, meint Mrs. W. aus den USA. Hat sie sich vielleicht mal verspätet? Daß so eine Frage überhaupt gestellt werden kann! Undenkbar. Ja, bei den Lehrerinnen kam so etwas schon mal vor. Berthi K. entsinnt sich zum Beispiel, daß Jettchen Heilbut manchmal in letzter Minute atemlos die Eingangsstufen hinaufstürzte. Die kleine Person mit der großen Büchertasche entschuldigte sich dann ebenso wie die Schülerinnen mit dem Viehauftrieb in der Kampstraße; der Schlachthof war ja nah, und manchmal war da wirklich kein Durchkommen. Aber keiner hätte sich ein Rindvieh vorstellen können, das imstande gewesen wäre, die Schulvorsteherin am pünktlichen Erscheinen zu hindern. Ob man kam oder ging – sie war einfach immer da, nicht anders als das Schulgebäude aus gelben Klinkern mit der „1883" über dem Eingang. So war es schon gewesen, als Berthi K.s Mutter zur Schule ging. Man konnte sich nichts anderes vorstellen. Es war gut so. Nur – sie war wirklich ein bißchen zu genau, meint Berthi K. Hitzefrei gab es fast nie. Das Thermometer hing an der schattigsten Stelle auf dem Schulhof, und Mary Marcus wachte persönlich darüber, daß kein Kind zu früh nach Hause geschickt wurde.

Doch war sie viel mehr als gewissermaßen die Verkörperung preußischen Pflichtbewußtseins. Der Einfluß ihrer Persönlichkeit wird an den Protokollen der Lehrerkonferenzen deutlich: warme Anteilnahme an jeder Schülerin, Verständnis und Behutsamkeit sind immer wieder zu spüren. Ihre besondere Sorge galt den schwachen Schülerinnen. „Frl. Marcus betont, daß schwache Schülerinnen nicht eingeschüchtert werden dürfen, man müsse ihnen Mut machen und ihr Selbstvertrauen zu heben suchen, dann würden die Leistungen sich auch bessern"[81]. Die beste Unterrichtsplanung könne nichts nutzen, wenn nicht gelöste Stimmung, Freundlichkeit und Heiterkeit die Lernfreudigkeit und Aufnahmefähigkeit förderten.

Neuen Unterrichtsmethoden begegnete sie mit großer Aufgeschlossenheit. Schon 1897 war es ihr gelungen, den Kunsterzieher Friedrich Müller von der benachbarten Realschule St. Pauli für ihre Schule zu gewinnen, der sich bemühte, den Zeichenunterricht aus einem starren Schematismus zu befreien. Viele Jahre lang kam er stundenweise, um selbst in der Carolinenstraße Unterricht zu erteilen und andere Lehrkräfte in seiner Methode zu unterweisen[82]. Schulrat Dr. Schober hat bei seinem Besuch im Oktober 1902 diesen Unterricht in einem 3. Schuljahr beobachten können. Die kleinen Mädchen zeichneten mit Kohle auf Packpapier. „Sie zeichnen offenbar mit Lust und großem Eifer, und ihre kleinen Kunstwerke können sich durchaus sehen lassen", schrieb er[83].

Als 1911 im Kollegium Methoden der „Arbeitsschule" erörtert wurden, heißt es: „Frl. Marcus, die das Streben der neuen Pädagogik, die Schule des Wissens zu einer Schule des Könnens zu machen, mit Freude begrüßt, möchte die neue Methode für die Unterstufe auch bei uns einführen"[84]. Im Bericht über das Schuljahr 1912/13 ist zu lesen, die neue Methode sei eingeführt worden und überträfe alle Erwartungen. Hier ging es um Selbsttätigkeit der Kinder – ein Ziel, das Mary Marcus immer angestrebt hat[85].

Ihr größtes Interesse lag zweifellos beim Deutschunterricht; sie wurde nicht müde, Themen aus diesem Bereich auf die Tagesordnungen der Konferenzen zu setzen. Von Anfang an kam es ihr viel weniger auf formale Kenntnisse an als auf lebendiges Verständnis, Offenheit für die Schönheit der Sprache und sorgsamen Umgang damit. „Eine mündliche freie Aussprache der Kinder über eigene Erlebnisse ist die beste Vorbereitung für einen fließenden Stil und daher so häufig wie möglich herbeizuführen"[86], sagte sie schon 1904. Vom 1. Schuljahr an müßten die Kinder daran gewöhnt werden, unbefangen zu erzählen. Das war damals eine sehr moderne Forderung. Die Schulung der sprachlichen Ausdrucksfähigkeit dürfe sich nicht auf die Deutschstunden beschränken. „Ausdrucksfähigkeit muß in allen Stunden geübt werden"[87]. Aller Sprachunterricht müsse vor allem Sprechunterricht sein, klarer Aussprache und sinngemäßer Betonung bei Poesie und Prosa sei größte Sorgfalt zu widmen. Sie wußte zweifellos, daß einwandfreie Beherrschung der Sprache in Wort und Schrift eine wichtige Voraussetzung für den sozialen Aufstieg war; und so gab es an ihrer Schule einen „kompensatorischen Sprachunterricht", lange ehe dieser Begriff geboren wurde.

Sprachbildend sollte auch der Vortrag durch den Lehrer

wirken. Vorlesen war für Mary Marcus keine Verlegenheitslösung in Vertretungsstunden, sondern gehörte auf allen Altersstufen zum Unterricht. Ihre Lieblingsdichter waren Friedrich Schiller und Fritz Reuter. Sie selbst sprach hervorragend plattdeutsch und legte Wert darauf, daß jedes Kind ihrer Schule damit vertraut war. Auf der Oberstufe las sie aus „Ut mine Stromtid" vor; noch heute erinnern sich die Schülerinnen gern an diese Stunden ihrer Schulzeit[88].

Plattdeutsch – das war Hamburg, das war Heimat. Mary Marcus liebte ihre Vaterstadt mit jeder Faser ihres Herzens, und es war ihr ein ständiges Bedürfnis, diese Liebe auch in ihren Schülerinnen zu wecken. Die meisten waren ja Hamburgerinnen. Spaziergänge an Alster und Elbe sollten den Kindern die Augen öffnen für die Schönheit ihrer Stadt. Aufsatzthemen stellten immer wieder Hamburg in den Mittelpunkt: „Hamburg im Nebel", „Die Sehenswürdigkeiten Hamburgs", „Die weiße Woche bei Tietz", „Der Elbtunnel", „Am Elbstrand", „Am Jungfernstieg", „Warum ich meine Vaterstadt liebe". Auch auf kleine unbedeutende heimatliche Betrachtungen wurden die Blicke gelenkt: „Die Spatzen auf dem Schulhofe"[89].

Und natürlich liebte sie ihre Schule, das Haus in der Carolinenstraße. „Heilig, göttlich war Ihr Dienst, diese Schulräume Ihre Welt, Ihr Heiligtum, Ihr Gotteshaus", schwärmte ihr Kollege Markus Wolfermann bei seiner Abschiedsrede[90]. Nun, ganz so göttlich und heilig ist es ihr sicher nicht immer vorgekommen. Sie hat auch viel Ärger und Widrigkeiten dort erlebt. Aber dennoch scheint sie Müdigkeit und Resignation nicht gekannt zu haben. Schülerinnen, Eltern und Kollegen brachten ihr Dank und Anerkennung entgegen. Am 29. März 1908 beging sie ihr 40jähriges Amtsjubiläum, das unter großer Anteilnahme feierlich in der Aula begangen wurde und abends mit einem Festessen im Logenhaus an der Moorweide seinen Abschluß fand. Man überreichte ihr die Urkunde einer „Mary-Marcus-Stiftung", die aus Beiträgen des Schulvorstandes, ehemaliger Lehrer, Schülerinnen und Freunde der Jubilarin hervorgegangen war; das Geld war für die berufliche Fortbildung von Schülerinnen der Israelitischen Töchterschule nach dem Schulabschluß bestimmt[91].

Mary Marcus war jetzt 64 Jahre alt und damit in einem Alter, in dem die meisten an den Ruhestand denken. Doch damit wartete sie noch weitere 16 Jahre.

Es gelang ihr offenbar immer wieder, ihr schlecht bezahltes, ganz durchschnittliches Kollegium zu besonderen Leistungen anzuspornen. Dabei stand ihre Schule für arme Mädchen im Schatten der gelehrten, angesehenen Talmud Tora Schule, aber auch der „Höheren Mädchenschule" des feinsinnigen Dichters Dr. Loewenberg in der Johnsallee. Die Schule des Dr. Loewenberg hatte bedeutende Pädagogen angezogen: Kunsthallendirektor Alfred Lichtwark hatte mit Schülerinnen dieser Schule Führungen durch die Kunsthalle veranstaltet, und daraus war sein Buch „Übungen in der Betrachtung von Kunstwerken" erwachsen. Der Dichter Otto Ernst hatte in der Johnsallee Literaturunterricht gegeben. Heinrich Scharrelmann, der bedeutende pädagogische Schriftsteller, hatte jahrelang dort gewirkt[92]. All das hatte Mary Marcus freilich nicht aufzuweisen. Dennoch schrieb Oberschulrat Dr. Schober im November 1913: „Wenn auch gute Lehrer nur spärlich im Kollegium vertreten sind, so herrscht doch in dem Gesamtbetrieb der Schule ein guter Geist. Die Leitung der Schule liegt bei Frl. Marcus in bewährten Händen"[93].

Was gab Mary Marcus die Kraft zu so außergewöhnlichen Leistungen? Es mag nicht zuletzt ihr starkes soziales Engagement gewesen sein, das sie immer wieder vorantrieb. Die Hamburgerin jüdischen Glaubens aus dem bescheidenen Elternhaus in der Hamburger Neustadt kannte Benachteiligung und Zurücksetzung: als Jüdin, als Mädchen, als Kind armer Eltern. Ihr ausgeprägtes Gerechtigkeitsempfinden empörte sich gegen die Tatsache, daß Menschen allein ihrer Herkunft wegen

„unten" bleiben mußten. „Ganz im Geiste Pestalozzis wurden Sie nicht müde, die Gleichheit der menschlichen Anlagen zu betonen, ihren Anspruch auf gleiche Bildungsmöglichkeiten zu befriedigen. Ja, darin sahen Sie Ihre ureigenste Lebensaufgabe", sagte ihr Kollege Wolfermann bei seiner Abschiedsansprache. Er sprach auch von Vorwürfen und Anfeindungen, denen sie deshalb ausgesetzt war. Dennoch: „Wenn heute Hunderte und Aberhunderte jüdischer Frauen und Mädchen gegen früher in sozial gehobenen Verhältnissen leben: es ist Ihr Verdienst, es sind die Früchte Ihres Wirkens"[94].

56 Jahre lang hat Mary Marcus für Schülerinnen um das gekämpft, was man heute mit einem modischen Schlagwort „Chancengleichheit" nennt. 56 Jahre lang hielt sie daran fest, daß eine gute, umfassende Schulbildung sozialer Benachteiligung entgegenwirken könne und müsse. Mit Sorge dachte sie an die Zukunft ihrer Schülerinnen nach der Schulentlassung. „Was wird das ungewisse Los der mir anvertrauten jungen Menschen sein?"[95].

Glücklicherweise hat sie nicht geahnt und nicht mehr erfahren, was den meisten dieser Mädchen bevorstand. Doch völlig unbekümmert um die politische Entwicklung war sie gewiß nicht. Im Juni 1925 schrieb sie einen Nachruf auf Dr. Julius Lippmann, mit dem sie 30 Jahre lang im Schulvorstand zusammengearbeitet hatte. Sie schilderte ihn als einen Menschen, „dem es am Herzen lag, daß auch den mittellosen jüdischen Mädchen eine gründliche Schulbildung zuteil wurde". Und weiter: „Dr. Lippmann hing mit seinem ganzen Herzen am deutschen Vaterlande. Er hatte die höchste Achtung vor der deutschen Kultur, der jeder Einzelne von uns so viel Hohes und Schönes verdankt. – Diesem edlen Mann, der für das Judentum wie für das deutsche Vaterland so heiß empfand, haben der Antisemitismus und der Krieg mit seinen entsetzlichen Folgen tiefe Wunden geschlagen und ... wohl den Grund zu dem schweren Herzleiden gelegt, von dem ihn ein sanfter Tod erlöst hat"[96].

Mary Marcus war Jüdin. Sie kannte den Antisemitismus. Und sie wußte, daß er töten konnte.

Patriotismus in der Töchterschule

Paragraph 10 der Schulordnung vom 8. Januar 1884 bestimmte: „Die regelmäßigen Ferien sind: Der Geburtstag Sr. Majestät des Kaisers, dreizehn Tage zum Peßachfeste, zwei Tage zum Wochenfeste, vier Wochen im Sommer, beginnend am Sonntage nach dem 11. Juli, drei Tage zum Neujahrsfeste, fünfzehn Tage vom Vortage des Versöhnungsfestes bis zum Schluß des Laubhüttenfestes, fünf Tage inmitten des Wintersemesters und am Tage des Purim"[97].

Seine Majestät der Kaiser an erster Stelle: das war wahrlich kein Zufall. Selbstverständlich gehörte später auch der Sedantag zu den Feiertagen[98]. Kaiserkult und vaterländische Begeisterung herrschten überall und machten vor den jüdischen Schulen nicht halt. Berthi K. kann sich an einen Kaiserbesuch in Hamburg erinnern. Natürlich gab es schulfrei. Die kleinen Mädchen bildeten in ihren schönsten weißen Kleidern Spalier und sangen: „Heil dir im Siegerkranz". Das Konferenzprotokoll vom 5. Juni 1913 hält fest, daß am 16. Juni dieses Jahres ein Kaiserjubiläum stattfand. Einem Choral folgte das „Kaiserlied". Danach hielt Herr Goldschmidt eine Ansprache. Wie bei allen patriotischen Feiern bildete das Deutschlandlied den Abschluß[99].

Schon im März 1913 hatte es eine Feier zum Gedenken an „Unterdrückung und Befreiung Hamburgs im Jahre 1813" gegeben. Auch diesmal begann man mit einem Choral. Danach deklamierten Schülerinnen „Geharnischte Sonette“ von Rükkert und „Das Gebet während der Schlacht“ von Arndt. Herr Wolfermann erinnerte in einer eindrucksvollen Rede an die Franzosenzeit in Hamburg. Die Feier schloß mit den Liedern „Stadt Hamburg an der Elbe Auen“ und „Deutschland, Deutschland über alles“[100].

Der 1. Weltkrieg griff tief in das Schulleben ein, wie der von Mary Marcus eigenhändig geschriebene „Bericht über 1914“ zeigt[101]:

„Am 8. Juli war der Beginn der Sommerferien. Am 13. August war wieder Schulbeginn. Von da an stand die Schule im Zeichen des Krieges. Die Kinder waren natürlich mit Herz und Sinn bei den großen Ereignissen, von denen in dieser oder jener Form auch ihre Familien betroffen wurden. Wir mußten den Unterricht dem anpassen, ohne dabei die Aufgaben der Schule aus dem Auge zu verlieren. Wir verfolgten mit den Kindern die Vorgänge auf dem Kriegsschauplatz und wählten den Lehrstoff entsprechend. Bald setzte auch bei uns die Kriegshilfe ein, an der sich die Schule als Gesamtheit sowie die Lehrkräfte und die Schülerinnen aufs eifrigste beteiligten. Der Zeichensaal wurde für die Zeit von 12–2 Uhr mittags in eine Speiseanstalt der Kriegshilfe umgewandelt. Der Isr. hum. Frauen-Verein ließ die Speisen im Logenheim, Hartungstraße, bereiten und sandte sie in Kochkisten zu uns, wo sie von Damen des Vereins und von unserer Haushaltungslehrerin, Fräulein Dora Samson, verteilt wurden. Anfangs war der Betrieb ein sehr lebhafter; es wurden mittags oft über 200 Portionen abgegeben. (Die Teilnehmer waren fast ausnahmslos Christen). Nach einiger Zeit schmolz die Beteiligung immer mehr zusammen und beträgt jetzt nur noch 60–70 Portionen täglich.

In einem Klassenraum richtete Frau Dr. Ivan Michael eine Nähstube für die allgemeine Kriegshilfe ein, wodurch eine veränderte Benutzung der Klassenräume veranlaßt wurde. Unsere Selekta siedelte in den Physiksaal über, den sie, sobald andere Klassen Physikunterricht haben, mit diesen austauscht.

Es begann auch ein eifriges Stricken von Wollsachen für unsere Truppen. Große Mengen von Pulswärmern, Strümpfen, Schals, Kopf-, Ohren- und Lungenschützern, Kniewärmer und dergl. wurden an das Rote Kreuz abgeliefert, in einzelnen Fällen den Angehörigen unbemittelter Schülerinnen ins Feld gesandt. Für die Kleinen fügte sich die Strickarbeit in den Plan des Handarbeitsunterrichts ein, die größeren arbeiteten teils im Hause, teils nachmittags in der Schule unter Aufsicht einer Lehrerin.

Die Kinder beteiligten sich aber auch noch in anderer Weise an der Kriegshilfe. Die Klassen schickten aus freiwillig gesammelten Mitteln reiche Liebesgaben an die Truppen, lieferten Beiträge in die für das Rote Kreuz und die Kriegshilfe aufgestellten Kassen, sammelten zahlreiche Abonnenten für eine für den Preis von 5 Pf. wöchentlich erscheinende Kriegschronik, ja, sie steuerten eine Summe für das dem Kaiser von der deutschen Schuljugend zu schenkende Schiff bei. Sie klebten mit großem Geschick Bilder und Gedichte in Hefte zur Unterhaltung für die Verwundeten. In der Haushaltungsschule wurden Kuchen für das jüdische Krankenhaus und andere Lazarette gebacken.

So hat die Kehrseite des Krieges sich an unseren Kindern offenbart. Menschenliebe und Opferfreudigkeit sind in reichem Maße erblüht.

Das Kollegium stand in dieser Beziehung nicht hinter den Kindern zurück. Ein Teil des Gehaltes wird in jedem Monat einer Wohlfahrtsstelle überwiesen, abgesehen von dem, was im einzelnen geschieht. So hat auch eine Anzahl unserer Lehrerinnen sich dem Isr. hum. Frauenverein für die Nachmittagsstunden zur Verfügung gestellt und erteilt im Mädchenbund Unterricht in verschiedenen Fächern. Es ist selbstverständlich, daß auch jede Klassenlehrerin Gelegenheit sucht, Einblick in die häuslichen Verhältnisse der Schülerinnen zu nehmen, um für Notstände Abhilfe zu schaffen.

So steht die ganze Schule im Dienste der großen Zeit, wobei sie es als ihre vornehmste Aufgabe betrachtet, die Kinder zum regsten Lerneifer und zur treuesten Pflichterfüllung anzuregen, um sie für die schweren Aufgaben vorzubereiten, die das Leben nach diesem Kriege in erhöhtem Maße ihnen auferlegen wird".

Zweifellos gab es viele Verbindungen zwischen der Töchterschule und der Talmud Tora Schule, die 1911 ihr neues Haus am Grindelhof 30 bezogen hatte. Vielleicht war Mary Marcus bei der Einweihung des Schulgebäudes zugegen gewesen und hatte die Ansprache von Direktor Dr. Josef Goldschmidt gehört, die mit den Worten schloß: „Treue gegen sich selbst und andere, Festigkeit und Kraft, Ernst und Mut im Handeln zeichnen den deutschen Mann aus. Und bewundern wir unser Heimatland ob der Schönheit seiner Berge und Täler, seiner sanften Ströme und lieblichen Seen, so sind wir stolz, Bürger eines Volksstammes zu sein, der durch jene Tugenden emporragt vor allen Nationen des Erdballs. Insbesondere aber hängt unser Herz, und das sei unser drittes Ideal, an unserem lieben, schönen Hamburg ..."[102].

Goldschmidt war ein Verfechter nationaler Erziehung. 1915 hieß das Aufsatzthema für die Einjährigenprüfung: „Freue dich, Jüngling, daß du ein Deutscher bist"[103].

Die Kriegshilfe-Leistungen der Talmud Tora Schule waren – ihrem Rang entsprechend – gewichtiger als die eifrigen und fleißigen Bemühungen der Mädchen aus der Carolinenstraße. Im Jahr 1915/16 lieferte die Schule 17 000 Mark an die Reichsbank ab und zeichnete etwa 10 000 Mark auf die vierte Kriegsanleihe, „ein schönes Zeugnis, daß das patriotische Empfinden und der begeisterte Wille, zum Siege unseres deutschen Vaterlandes beizutragen, die weitesten Schichten unserer jüdischen Jugend durchdringt“[104].

Seit dem 20. Dezember 1981 hängt wieder eine Gedenktafel mit den Namen der im 1. Weltkrieg gefallenen Lehrer und Schüler der Talmud Tora Schule im Gebäude Grindelhof 30.

Es sind 127.

Der Weg zur Anerkennung als Realschule (1924–1931)

Während der Jahre der Weimarer Republik vollzogen sich in der Carolinenstraße 35 tiefgreifende Veränderungen:

Aus der Töchterschule des Kaiserreiches, die armen jüdischen Mädchen eine gute Schulbildung vermitteln sollte, wurde eine Volks- und Realschule, in der Mädchen aus allen jüdischen Bevölkerungsschichten gemeinsam lernen und zu verschiedenen schulischen Abschlüssen gelangen konnten. Die große Persönlichkeit der Mary Marcus hatte die Israelitische Töchterschule geprägt; die Neuorganisation der Gemeindeschule war das Werk ihres Nachfolgers, Dr. Alberto Jonas.

Schon gegen Ende des 1. Weltkrieges – die 74jährige Schulleiterin führte ihr Amt noch mit ungebrochener Kraft – begann man den Wandel zu spüren. Die Selekta wurde zum integrierenden Bestandteil der Schule, die nun neunstufig war. Allen Kindern sollte die verlängerte Schulzeit zugute kommen[105].

Überall wurde die Forderung nach Mitbestimmung laut. Am 8. Februar 1919 fand in der Carolinenstraße die erste Wahl zum Elternrat statt[106].

Die Not der ersten Nachkriegsjahre beeinträchtigte die Schularbeit: Im Winter 1919/20 mußten Turnhalle, Aula und Musiksaal ungeheizt bleiben, und der Kohlenmangel zwang schließlich dazu, die Schule freitags und sonntags ganz geschlossen zu halten. Die Winterferien wurden verlängert. Auch Papier war knapp, Hefte gab es kaum noch. Immer weniger reichte das Geld, um alle Bedürfnisse zu befriedigen[107]. 1921 mußte die Gemeinde zum erstenmal um eine staatliche Subvention für ihre Mädchenschule bitten. 60 000 Mark wurden für das Schuljahr 1920/21 nachträglich gewährt. Senat und Bürgerschaft stellten allerdings die Bedingung, das Schulgeld auf 300 Mark jährlich zu erhöhen, damit die Gemeinde die Notlage in Zukunft aus eigener Kraft meistern könne[108]. Vorher hatten die Eltern nur bis zu 200 Mark jährlich zahlen müssen. Die Erhöhung des Satzes bedeutete für viele eine einschneidende Maßnahme.

So waren die letzten Amtsjahre der Mary Marcus von allerlei Sorgen überschattet. Am 16. März 1924 wurde die fast 80jährige feierlich verabschiedet und gleichzeitig der neue Direktor der Schule, Dr. Jonas, eingeführt[109].

Dr. Jonas, geboren am 19. Februar 1889 zu Dortmund, hatte 1916 in Breslau die Prüfung für das Lehramt an höheren Schulen bestanden. Er besaß die Lehrbefähigung im Hebräischen für die erste Stufe, im Lateinischen und Griechischen für die zweite Stufe. Von 1922 bis 1924 hatte er an der Talmud Tora Realschule unterrichtet, die damals nicht mehr der Leitung von Dr. Josef Goldschmidt unterstand, sondern von dem streng orthodoxen Dr. Joseph Carlebach geführt wurde. Geist und Organisation dieser Schule standen ihm vor Augen, als er in die Carolinenstraße 35 kam.[110]

Schon in seiner Einführung bei der Abschiedsfeier für Mary

Marcus verwies er „mit starker Betonung ... auf den jüdischen Charakter der Schule, auf dessen Grunde er ihrer vaterländischen Pflicht bewußte Bürgerinnen erziehen wolle“[111]. Selbstverständlich hatte auch Mary Marcus den jüdischen Charakter ihrer Schule niemals in Frage gestellt, „doch mit der gebotenen Toleranz“[112]. Die Strenggläubigkeit ihres Nachfolgers mag ihr fremd vorgekommen sein.

Für Dr. Jonas galt die Unterrichtung jüdischer Kinder an christlichen Schulen, wie sie allgemein üblich war, als Irrweg. „Es ist nicht richtig zu sagen, mein Kind kann und soll die Weltkultur genau wie jedes andere Kind in sich aufnehmen und in das Judentum in besonderem Unterricht eingeführt werden. ... Erst die gleichzeitige und einheitliche Vermittlung beider Ideenwelten schafft die einheitliche Erziehung und bildet den einheitlichen Charakter“[113]. Dabei werde die Erziehung des jüdischen Kindes zum deutschen Staatsbürger durch gewissenhafte Einhaltung des staatlichen Lehrplans und durch staatliche Schulaufsicht sicher gewährleistet.

Eine stärkere Durchdringung des Unterrichts mit jüdischem Geist betrachtete Dr. Jonas als wünschenswert, eine Neuorganisation der Schule als unumgänglich. Die neunstufige Mädchenschule, in der außer Hebräisch zwei Fremdsprachen gelehrt wurden, während Mathematik und Naturwissenschaften vergleichsweise wenig Beachtung fanden, entsprach nicht mehr modernen Erfordernissen. Dr. Jonas war überzeugt, daß sie weder für Mädchen geeignet war, die eine Volksschulbildung anstrebten, noch für jene, die einen höheren Abschluß erreichen wollten[114].

Tatkräftig begann er, seine Vorstellungen in die Wirklichkeit umzusetzen. Noch 1924 führte er nach vier gemeinsamen Grundschuljahren zwei getrennte Züge ein: die vierstufige Volksschulabteilung und eine „Höhere Mädchenschul-Abteilung“, die sechsstufig geführt werden sollte. Die Aufteilung der Kinder auf diese beiden Züge geschah mit Hilfe des staatlichen

Ausleseverfahrens[115]. Seit dem April 1926 lagen dem Unterricht an dem Höheren Mädchenschulzug die Lehrpläne für Realschulen zugrunde[116]. Beide Züge sollten „in streng jüdisch-traditioneller Richtung nach den selben Grundsätzen wie die Talmud Tora Realschule" arbeiten[117].

Die Talmud Tora Schule umfaßte ebenfalls Grundschule, Volks- und Realschule in einem Gebäude. Alle Kreise der orthodoxen jüdischen Bevölkerung in Hamburg schickten ihre Söhne dorthin. Dagegen war der Mädchenschule die Einbeziehung der sozialen Oberschicht immer noch nicht gelungen.

Wer sich dieser Schicht zugehörig fühlte und genug Geld hatte, schickte seine Töchter auf die private Mädchenschule Bieberstraße, die seit 1913 als Lyzeum anerkannt war. Seit Jahren kämpfte die Schule mit finanziellen Schwierigkeiten. Die Gemeinde zeigte wenig Neigung, das Bedürfnis einiger ihrer Mitglieder nach sozialer Abgrenzung durch Subventionen zu unterstützen; vielmehr befürwortete sie das Bestreben von Dr. Jonas, die Gemeindeschule mit dem jüdischen Lyzeum zu vereinigen. Auch die Oberschulbehörde wünschte eine Vereinigung beider Schulen[118].

Dr. Jonas war Anhänger der Einheitsschule[119], von der er sich eine Überwindung der starren Standesschranken erhoffte. Er war von dem pädagogischen Wert der Durchdringung verschiedener sozialer Schichten überzeugt. Natürlich sah er – ebenso wie Jahrzehnte vorher Mary Marcus und Mathilde Lippmann – auch den finanziellen Vorteil, den eine wohlhabende Elternschaft für seine Schule bringen würde.

Zu seiner Enttäuschung scheiterten jedoch die Verhandlungen mit dem Kuratorium Bieberstraße, da das jüdische Lyzeum auf seiner Forderung nach geistlicher Schulaufsicht bestand[120]. Ebenso maßgeblich für den Widerstand der Schule Bieberstraße gegen eine Vereinigung mit der Gemeindeschule waren standespolitische Gründe. Man erklärte sich lediglich bereit, eine Anzahl besonders begabter Mädchen der Israelitischen

Töchterschule gegen einen angemessenen Zuschuß aus der Gemeindekasse bei sich aufzunehmen; doch das war ein indiskutabler Vorschlag[121]. Dagegen kam eine gemeinsame Unterrichtung aller Kinder vom 1. Schuljahr an nach Auffassung des Vorstandes der Schule Bieberstraße nicht in Frage, weil, wie Fräulein Philip, die Vorsteherin der Schule, Dr. Jonas gegenüber äußerte, „die aus besseren Häusern stammenden Kinder durch Tradition und Erziehung bessere Vorbedingungen für eine lyzeale Erziehung mitbringen"[122].

Nun blieb nichts weiter übrig als die Israelitische Töchterschule ohne Mitwirkung der Schule Bieberstraße zu einer anerkannten Realschule umzugestalten. Die Oberschulbehörde stellte Bedingungen: Der wissenschaftliche Unterricht im Realschulzug sollte ausschließlich von akademisch ausgebildeten Lehrkräften erteilt werden, die ihre Befähigung für das höhere Lehramt nachgewiesen hatten. Die Voraussetzungen für den Unterricht in Physik und Chemie sollten durch Erweiterung der Fachräume im 3. Stock der Schule geschaffen und Lehrmittel für diese Fächer angeschafft werden. Die staatliche Schulaufsicht wollte sich außerdem in allen Unterrichtsbereichen davon überzeugen, daß die Leistungen den Anforderungen einer Realschule genügten[123].

Schon 1928 erhielt die Schule die Genehmigung, abgehenden Schülerinnen nach erfolgreichem Besuch der Klasse I (10. Schuljahr) ein Zeugnis mit dem Vermerk der Mittleren Reife zu erteilen. Einen entsprechenden Vermerk über den Volksschulabschluß erhielten die Absolventinnen des Volksschulzuges nach dem 8. Schuljahr[124].

Im Februar 1930 teilte Oberschulrat Dr. Doermer dem Präses der Oberschulbehörde mit, daß die Israelitische Töchterschule nunmehr alle Bedingungen für die Ernennung zur Realschule erfüllt habe. Insbesondere sei ein vorbildlicher Schülerübungsraum mit einem Vorbereitungszimmer im Obergeschoß der Schule ausgebaut worden. Die Unterrichtsleistungen entsprächen vollauf den zu stellenden Forderungen[125].

Am 21. 2. 1930 hatte Dr. Jonas sein Ziel erreicht: Seine Schule wurde als Realschule für Mädchen anerkannt. Schülerinnen, die das 10. Schuljahr erfolgreich abschlossen, erhielten damit die Obersekundareife[126]. Dr. Jonas war glücklich. Am 24. Februar 1930 gab er seiner Freude in einem persönlichen Brief an Oberschulrat Dr. Doermer Ausdruck. Darin schrieb er u. a.: „... gestatten Sie mir, ein Wort des Dankes zu sagen für das Interesse und Wohlwollen, das Sie dieser Schule entgegenbringen. Als ich das erste Mal bei Ihnen vorsprach, wiesen Sie darauf hin, daß Ihr Amtsvorgänger Ihnen diese Schule ans Herz gelegt habe und daß Sie ihrer Eigenart gern Rechnung tragen würden. Sie dürfen überzeugt sein, Herr Oberschulrat, daß wir den festen Willen haben, das in uns gesetzte Vertrauen jederzeit zu rechtfertigen"[127].

Die Schule hatte sich gewandelt; nun war es an der Zeit, auch ihren Namen zu ändern. Seit dem 22. Mai 1930 hieß sie: Mädchenschule der Deutsch-Israelitischen Gemeinde (Volks- und Realschule)[128].

Die Vereinheitlichung des jüdischen Mädchenschulwesens, um die Dr. Jonas sich so lange vergeblich bemüht hatte, fiel ihm nur ein Jahr später von selbst zu: Die Schule Bieberstraße wurde aufgelöst, da sie privat nicht mehr finanziert werden konnte[129]. Auch das kleine private jüdische Lyzeum von Dr. Loewenberg gab aus finanziellen Gründen auf; bei den früheren Verhandlungen war diese Schule nicht einbezogen worden, weil sie nach liberalen Grundsätzen geführt worden war und als Simultanschule auch nichtjüdische Schülerinnen aufgenommen hatte.

98 % der Schülerinnen aus der Mädchenrealschule Bieberstraße wurden jetzt in der Carolinenstraße angemeldet. Damit erhöhte sich die Schülerinnenzahl auf 608, nämlich 329 in der Grundschule, 86 in der Volksschule und 193 in der Realschule. Glücklicherweise konnte das Gebäude der Loewenberg-Schule

in der Johnsallee 33 übernommen werden, sonst hätte man unmöglich alle Kinder unterbringen können; dort wurden von nun an vor allem die Kleinen in den ersten vier Schuljahren unterrichtet. Das Kollegium setzte sich jetzt aus 6 akademisch ausgebildeten Lehrern, 13 Lyzeallehrerinnen und 5 Volksschullehrkräften zusammen[130]. In den neuen Statuten umriß die Schule ihre Aufgabe, nämlich „die Verbindung des jüdischen mit dem allgemeinen Kulturbewußtsein zu vollziehen"[131].

47 Jahre nach ihrer Gründung hatte die Mädchenschule einen neuen Höhepunkt erreicht.

Die politische Lage gab wohl vielen Hamburgern Grund zur Sorge. Doch an eine ernsthafte Gefahr für die Zukunft mochte keiner glauben.

5. Hauswirtschaftsunterricht, ca. 1925

6. Dr. Alberto Jonas (1889–1942) im Kreise seines Kollegiums, ca. 1925. Sitzend v. r. n. l.: Bertha Loewy, Dr. A. Jonas, Sara Israel, Flora Jacobsohn, Elsa Behrend, Ernst Streim, Sara Benjamin, unbekannt; stehend, v. r. n. l.: Ida Lothes, Malwine Jacobsohn (Sekretärin), Grete Meinhardt, Elsa Spiegel, Max Holländer, Jettchen Heilbut

7. Unterricht bei Markus Wolfermann, links neben ihm Dr. Jonas, ca. 1925

8. Auf dem Schulhof, ca. 1925

9. Geographieunterricht: »Da liegt Deutschland«, ca. 1925

10. Physikunterricht (undatiert)

II. TEIL

(1933–1945)

Die ersten Jahre unter dem Nationalsozialismus (1933–1937)

Eigentlich hätte man 1934 50jähriges Jubiläum feiern können. Doch bei der Entlassungsfeier im März erwähnte Dr. Jonas nur mit wenigen nüchternen Worten die Gründung der Schule im Jahr 1884. Von einer Feier habe man „mit Rücksicht auf den Ernst der Zeit" abgesehen[132].

Seit einem Jahr herrschten in Deutschland die Nationalsozialisten.

Dr. Jonas hatte die jüdische Schule schon immer auch als Schonraum für jüdische Kinder betrachtet. Hier konnten sie sicher sein vor Diskriminierung und antisemitischer Anfeindung. Der Auffassung, eine frühzeitige Begegnung mit Ablehnung und Feindseligkeit sei eine gute Vorbereitung auf den Lebenskampf, trat er entschieden entgegen. „Es ist nicht Sache des Kindes, sich an Kränkungen und Bitternissen zu stählen. Das für die körperliche Erziehung sehr gesunde Prinzip der Abhärtung gilt nicht in gleicher Weise für die seelische Entwicklung des Kindes". In der jüdischen Schule sollte es Geborgenheit erfahren. „Hier wird ihm sicher sein Recht auf ungestörte Entwicklung, auf Heiterkeit und Freude, Sorglosigkeit und Lebenslust, und es ist sicher, daß das durch die jüdische Schule gegangene, in ihr gekräftigte und gefestigte Kind, von einem natürlichen Selbstgefühl erfüllt, auch sicher und fest im Leben stehen und bestehen wird"[133].

So hatte Dr. Jonas 1930 im „Gemeindeblatt" für seine Schule geworben, und manche Eltern mochten sich jetzt daran erinnern. Die Situation an den öffentlichen Schulen war seit der „Machtergreifung" schwer erträglich für jüdische Schüler und Schülerinnen geworden. Selbst da, wo Lehrer und Klassenkameraden sich weiter loyal verhielten – und das mag oft der Fall gewesen sein – stand doch das Schulleben im Zeichen des Nationalsozialismus: Hitlergruß und Flaggenparade am Montagmorgen, Rassenkunde und Erbgesundheitslehre – um nur einiges herauszugreifen – gehörten unausweichlich dazu. Viele Familien, die bisher nicht an eine orthodoxe Erziehung ihrer Söhne und Töchter gedacht hatten, meldeten sie jetzt in den beiden jüdischen Schulen an. Die Klassen füllten sich mit Kindern, die von Judentum und jüdischem Leben kaum etwas wußten. Daraus ergaben sich neue pädagogische Probleme.

Die Zahl der Schülerinnen in der Carolinenstraße 35 wuchs trotz der Emigrationen, die seit 1933 eingesetzt hatten, von 596 im Mai 1932 auf 730 im November 1935 an. Dann ging sie wieder zurück und betrug im November 1938 noch 470[134]. Ähnliche Veränderungen vollzogen sich im Kollegium der Schule. Im September 1938 schrieb Dr. Jonas an die Schulverwaltung: „Es ist unmöglich, infolge der beständigen Abwanderung von Schülerinnen eine Voraussage über den Klassen- und Schülerbestand für April 1939 zu machen. Dasselbe gilt für die Anmeldung der etwa überzählig werdenden Lehrkräfte"[135].

Mit großem Einsatz versuchte das Kollegium, trotz der drückenden Sorgen, die auf jedem einzelnen lasteten, den Unterricht wie gewohnt fortzuführen und die Kinder so wenig wie möglich von der Not spüren zu lassen.

Zu den ersten, die Einmütigkeit mit den neuen Herren demonstrierten, gehörte übrigens der Lieferant für Schulmilch in Hamburg. Er erklärte, daß er auch die beiden jüdischen Schulen weiter beliefern werde, allerdings ohne den üblichen Preisnachlaß von zwei Pfennigen pro Liter[136].

Die Hamburger Behörden ließen die jüdischen Schulen in den ersten Jahren der nationalsozialistischen Herrschaft relativ ungestört weiterarbeiten. Zwar waren die hohen staatlichen Subventionen für die Talmud Tora Schule schon 1933 gestrichen worden, doch 1935 wurden sie wieder aufgenommen. Das war vermutlich dem jungen, mutigen Schulleiter der Knabenschule, Direktor Spier, zu verdanken, der den Reichsstatthalter in einer persönlichen Unterredung von der Notwendigkeit jüdischer Schulen im Dritten Reich zu überzeugen vermocht hatte[137]. Wahrscheinlich hatte er ihm dargestellt, daß die Gemeinde auf Dauer nicht imstande sei, zwei große Schulen allein zu unterhalten; folglich müsse man die Kinder an die nichtjüdischen Schulen verweisen. Das aber lag nicht im Interesse der Nationalsozialisten. „Die Aufhebung der beiden in Hamburg bestehenden privaten jüdischen Schulen würde vom schulpolitischen Standpunkt aus mindestens unerwünscht sein", hieß es in einem amtlichen Schreiben aus dem Jahr 1934. Und weiter: „Das Fortbestehen privater jüdischer Schulen entlastet die öffentlichen Schulen von jüdischen Elementen und entspricht insofern den Grundtendenzen des nationalsozialistischen Staates"[138].

Ein anderer Grund für die vorläufige Schonung der jüdischen Schulen lag wahrscheinlich in dem Wunsch Hamburgs, dem Ausland gegenüber das Gesicht zu wahren. Darauf weist folgender Vorgang aus dem Jahr 1935 hin: Der Schulleiter einer höheren Schule hatte den „nichtarischen" Schülern die Teilnahme an einem Sportfest untersagt, da „ein feierlicher Einmarsch aller Teilnehmer hinter einer Hitlerjugendfahne stattfand." Betroffen von diesem Ausschluß war auch der Sohn eines tschechoslowakischen Staatsangehörigen. Der Vater des Jungen beschwerte sich. In einer Stellungnahme unterstützte zwar Staatsrat Ahrens die Entscheidung des Schulleiters, schrieb aber: „Um keine außenpolitischen Schwierigkeiten herbeizuführen und mit Rücksicht darauf, daß gerade Hamburg aus wirtschaftlichen Gründen in hohem Maße auf gute Beziehungen zum Ausland angewiesen ist, kann ich an dem vorerwähnten Grundsatz den fremdländischen Nichtariern gegenüber nur festhalten, wenn ich mich in dieser meiner Einstellung mit der Reichsregierung einig weiß"[139]. Die gleichen Interessen mögen auch die Taktik gegenüber den jüdischen Schulen bestimmt haben.

Anscheinend hat das traditionell gute Verhältnis zur Schulbehörde selbst in den ersten Jahren des Nationalsozialismus noch weiterbestanden. Die Schulaufsicht über die beiden jüdischen Schulen führte Oberschulrat Dr. Oberdörffer. Schon 1924 hatte er an der Abschiedsfeier für Mary Marcus teilgenommen, und noch 1939 hat er über Dr. Jonas und Direktor Spier sachliche und anerkennende Berichte geschrieben[140]. Mit Sicherheit war er kein Antisemit. Sein Einfluß blieb aber wohl verhältnismäßig gering; vor allem konnte er nicht verhindern, daß die Schulen immer mehr unter die Kontrolle der Gestapo gerieten.

Tief in die innere Struktur der Schulen griff die Neugestaltung der Lehrpläne. Bisher hatten sich die jüdischen Schulen in den meisten Unterrichtsfächern an den Lehrplänen der staatlichen Schulen orientiert. Das war jetzt nur noch in einzelnen Bereichen möglich. Nach § 1 des Reichsschulpflichtgesetzes diente die Schulpflicht dazu, „die Erziehung und Unterweisung der deutschen Jugend im Geiste des Nationalsozialismus" zu sichern. Diesem obersten Ziel hatten sich alle Inhalte unterzuordnen[141].

Die Schulabteilung der „Reichsvertretung für Juden in Deutschland" wurde beauftragt, Richtlinien zur Aufstellung von Lehrplänen für jüdische Schulen auszuarbeiten[142]. Darin wurden der Durchdringung von Erziehung und Unterricht mit dem Geist des Nationalsozialismus die Durchdringung mit dem „Jüdischen" entgegengesetzt. „Das heranwachsende Kind soll seines Judeseins in gesundem Bewußtsein sicher werden; es soll sich des Namens freuen lernen, mit allem Stolz und aller Entbehrung, die damit verbunden sind. Zur Erreichung dieses Ziels ist das Jüdische in den Mittelpunkt aller dafür in Betracht kommenden Unterrichtsfächer zu stellen." Anstelle der Erziehung zum deutschen Staatsbürger stand die Vorbereitung auf ein Leben in der Fremde. „Das jüdische Kind muß für die Auswanderung, insbesondere nach Palästina, vorbereitet und fähig gemacht werden, den seiner wartenden schweren Lebenskampf aufzunehmen." Dieses Ziel erforderte mehr als eine überwiegend intellektuelle Ausbildung. Als eine der wichtigsten Aufgaben der Schule wurde daher die Pflege des Sports genannt; daneben sollten manuelle Fähigkeiten besonders berücksichtigt werden, ebenso „soweit es möglich ist, die Einführung in gärtnerische und landwirtschaftliche Arbeit". – „Die veränderte Situation der Juden in Deutschland erfordert Berücksichtigung des Umstandes, daß unsere Jugend weit mehr als bisher zu Berufen der Handarbeit übergehen wird". Am 30. November 1937 bestätigte Dr. Jonas, daß die neuen Richtlinien nunmehr dem Unterricht in den Volksschulklassen zugrundegelegt würden[143]. Die Lehrpläne für die jüdischen höheren Schulen waren anscheinend nicht einer derart strengen Reglementierung unterworfen. Dort befaßte man sich im Deutschunterricht nach wie vor mit deutschem Bildungsgut, wie die Aufsatzthemen für die Abiturarbeiten 1939 zeigen. Unter anderem standen „Die Gretchentragödie im Faust"[144] und „Tasso und Antonio, die Welle und der Fels" zur Wahl[145]. Noch ein Jahr später wurde als ein Vorschlag für den Prüfungsaufsatz das Thema „Die Briefe in Schillers ‚Don Carlos' und ihre Bedeutung für die Handlung der Tragödie" bei der Schulverwaltung eingereicht und angenommen[146].

Vielleicht war diese Großzügigkeit Oberdörffer zu verdanken. Der für die Israelitische Gemeindeschule in Altona, Palmaille 17, zuständige Schulrat dagegen überwachte die Einhaltung der neuen Lehrpläne offenbar mit Eifer. Er hatte bereits im Sommer 1937 veranlaßt, daß dort ein neuer Lehrplan erarbeitet wurde und berichtete im Dezember 1937 seinem Vorgesetzten: „Ich habe dem Leiter dieser Schule, Hauptlehrer Sommer, aufgetragen, bei einer Neufassung des Lehrplans alles auszulassen, was nach einem Schmarotzen am deutschen

Kulturgut aussieht. Insbesondere habe ich der Judenschule das Singen der vaterländischen Lieder untersagt, weil es einfach nicht angeht, daß Lieder wie: ‚Ich hab' mich ergeben', ‚Der gute Kamerad', ‚Schleswig-Holstein meerumschlungen' usw. aus Judenmund erklingen"[147].

Der Weg in Isolation und Sonderstellung war vorgezeichnet. Lange hatte man geglaubt, das Ziel der Emanzipationsbewegung, der „deutsche Staatsbürger jüdischen Glaubens"[148], sei sicher erreicht. Jetzt mußte man diese Hoffnung von Generationen verlorengeben. Die jüdischen Schulen in Hamburg reagierten darauf nicht mit müder Resignation; vielmehr wandten sie sich jetzt mit allen Kräften jenen Zielen zu, die ihnen geblieben waren. Max Warburg hat wahrscheinlich den Gedanken und Gefühlen vieler Menschen Ausdruck verliehen, als er in seinen Begrüßungsworten zur Einweihung des Jüdischen Gemeinschaftshauses in Hamburg am 9. Januar 1938 sagte: „Die Ausschaltung aus vielen Betätigungsgebieten macht es uns heute unmöglich, für das Land, in dem wir geboren sind, so zu arbeiten, wie wir bereit sind. Das ist eine Tatsache, die schwer auf uns lastet und geeignet ist, jede Freude zu dämpfen. Aber so harte Prüfungen die Zeit uns auferlegt, führt sie doch andererseits uns wieder zurück zum Ursprung unseres Wesens und zu den Wurzeln unserer Kraft, zur Treue zum Judentum"[149].

Vorbereitung der Auswanderung (1938–1939)

Wir wissen nicht, ob zur Chanukka-Feier 1940 ein kleines Festspiel in der Carolinenstraße 35 aufgeführt wurde. Das „Philantropin" in Frankfurt hatte der Schule das Spiel zugesandt, und dort blieb es in den Akten erhalten[150].

Das Stück hat nur wenig Handlung; drei junge Emigranten aus Deutschland, zwei Jungen und ein Mädchen, treffen sich in einem Park inmitten einer amerikanischen Großstadt. Der Prolog führt in die Situation ein:

„Das tollt und braust im Hintergrund ...
wir zeigen nur die kleine Insel in dem Park
abseits vom Betriebe ...
und finden ... denkt euch, Kinder ...
wen? Einen Klassenfreund ...,
einen Jungen, der vor 2 Jahren noch mit
euch auf einer Schulbank saß und jetzt
als Nümmerchen
im Riesenstadtgewühl
versucht, ein paar eigene Schrittchen
doch zu wagen.
Er sinnt und sucht nach einem ‚Job'.
Bisher hat er noch jede Arbeit angepackt,
die Freizeit nützt er
um zu denken ... ‚Wie komm ich voran'?
Vielleicht kommt ihm ein Einfall,
dann kann er die Eltern herüberholen ..."

In dem Gespräch der jungen Leute werden ihre Probleme deutlich: Arbeitssuche, Sorge um die Angehörigen in Deutschland, das Gefühl der Fremdheit und Anonymität. Sie beschließen, ihre Schwierigkeiten gemeinsam anzupacken. Der Epilog schließt:

„Es war kein Theater und kein
Spannungsfilm ...
Es war die Wirklichkeit nach
Berichten und nach Briefen,
war die Wirklichkeit und sagte
unseren jungen jungen Menschen –
Ihr müßt kleine Helden sein ...
und wenn ihr's nicht seid,
müßt ihr euch dazu wandeln ...

Einst gab es Helden, die die Bibel
Makkabäer nennt ...
die mußten sich nach ihrer Art bewähren.
Jetzt verlangt die Zeit
ein Heldentum nach neuer Art.
Ihr dort unten habt gesehen, es gilt
die Zukunft tapfer, freudig ...
helfend ... schaffen ...
einer ist für den anderen da ..."

„Förderung der Auswanderung der Juden" hieß seit 1939 ein Schlagwort der nationalsozialistischen Judengesetzgebung, das in der „10. Verordnung zum Reichsbürgergesetz" in Paragraphen gefaßt wurde[151]. Das „Hamburger Tageblatt" kommentierte: „An der jüdischen Schulpflicht wird natürlich nichts geändert, denn Juden, die nicht lesen und schreiben können, werden wir noch weniger los als beruflich vorgebildete. Darum werden neben den normalen Schulen vor allem Umschulungsanstalten und Ausbildungswerkstätten geschaffen werden, in denen jüdische Auswanderer auf Berufe umgeschult werden, die ihnen in anderen Ländern ein Fortkommen ermöglichen. – Die Juden haben es jetzt selbst in der Hand, in geordneter Weise ihren Rückzug aus dem Reich vorzubereiten. Wir schicken sie wirklich nicht ins Elend, sondern entlassen sie mit hinreichenden Mitteln versehen und für eine berufliche Tätigkeit im Ausland genügend geschult. Mehr können die Demokraten nicht von uns verlangen"[152].

Längst hatte man an den jüdischen Schulen selbst erkannt, daß die Vorbereitung auf die Auswanderung nun zu den vordringlichsten schulischen Aufgaben gehörte. Unter Direktor Spier war Hamburg schon 1938 zum Mittelpunkt jüdischen Schul- und Erziehungswesens geworden. Jugendliche aus dem ganzen Reichsgebiet, die in ihren Heimatgemeinden keine angemessenen Bildungsmöglichkeiten mehr fanden, strömten hier zusammen, um die jüdischen Schulen oder Einrichtungen zur Förderung der Auswanderung zu besuchen, die der Talmud Tora Schule organisatorisch verbunden waren: Lehrwerkstätten für Schlosserei und Tischlerei, ein Lehrgang für Gärtner, eine Fachschule für Schneiderinnen, eine Haushaltungsschule sowie Sprach- und Handelskurse für Auswanderer. In Rissen und Blankenese gab es drei Vorbereitungslager für die Auswanderung nach Palästina; dort wurden Landwirtschaft und Viehzucht gelehrt[153].

Die meisten auswärtigen Schüler fanden hilfsbereite Auf-

11. Direktor Arthur Spier (geb. 1898)

nahme in jüdischen Familien. Auch das Jugendwohnheim Bet Noar in der Kielortallee 13 beherbergte schulpflichtige Kinder. Das Knaben-Waisenhaus Papendamm 3 und das Mädchen-Waisenhaus „Paulinenstift“ am Laufgraben waren ebenfalls ständig voll belegt[154].

Seit 1938 unterstanden sämtliche Einrichtungen der totalen Kontrolle der Gestapo. Jeder Zu- und Abgang mußte sofort gemeldet werden; dadurch entstand ein kaum zu bewältigender Verwaltungsaufwand, von dem heute noch unzählige Listen mit Namen und Daten zeugen[155]. Die Geheime Staatspolizei war gewissermaßen allgegenwärtig. Es klingt makaber, wenn in einem Schreiben der Schulverwaltung vom Juli 1939 „die unter Aufsicht der Gestapo stattfindenden Leibesübungen“ erwähnt werden[156]. (Gemeint war der Sportunterricht für Erwachsene, der nachmittags in der Turnhalle der Talmud Tora Schule – später der Mädchenschule – stattfand und selbstverständlich von der Gestapo genehmigt werden mußte.)

Leiter des gesamten jüdischen Schul- und Erziehungswesens in Hamburg war Direktor Spier[157]. Bei dieser Aufgabe bewies er, daß seine Tatkraft und seine Klugheit, sein organisatorisches Können und nicht zuletzt sein Geschick im Umgang mit Behörden zu Recht gerühmt wurden. Es war bekannt, daß sogar Polizeioberinspektor Richard Göttsche, späterer Leiter des Juden-Referats der Gestapo[158], ein offenes Ohr für den jüdischen Schulleiter hatte. So richtete sich die Hoffnung vieler Verzweifelter immer wieder auf Spier.

Arthur Spier, geboren am 22. Juli 1898 in Ballenstedt (Anhalt), hatte Mathematik, Physik und Philosophie an verschiedenen deutschen Universitäten studiert. Während des 1. Weltkrieges war er Flieger. 1922 legte er an der Marburger Universität das Staatsexamen ab und qualifizierte sich zwei Jahre später mit Auszeichnung für das Lehramt an Höheren Schulen. Der junge Studienassessor an der Realschule der Israelitischen Religionsgemeinschaft in Frankfurt/Main gewann rasch den Ruf eines

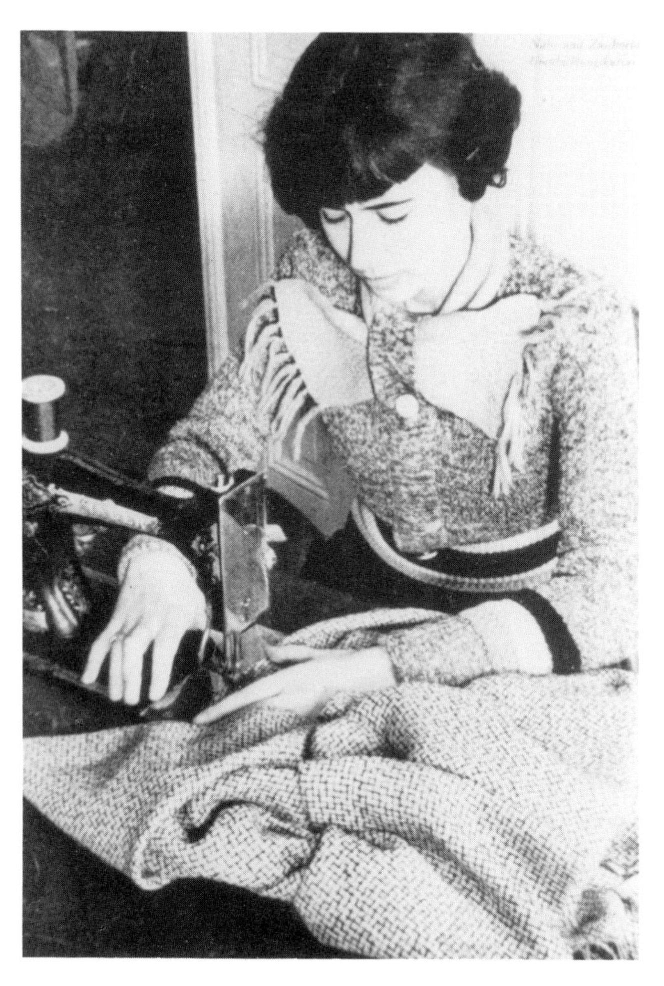

12. Vorbereitung auf die Auswanderung:
Fachschule für Schneiderinnen, ca. 1939

ausgezeichneten Pädagogen. Er war noch nicht einmal 28 Jahre alt, als ihm im April 1926 das Direktorat der Talmud Tora Schule übertragen wurde. Dort konnte er die von seinem Vorgänger, Dr. Joseph Carlebach, begonnenen pädagogischen Reformen fortsetzen[159], und so nahm die Schule unter seiner Führung einen weiteren Aufschwung. U. a. gründete er 1929 Handwerksklassen, in denen handwerklich begabte Schüler nach Abschluß der Volksschule ausgebildet werden konnten; aus diesen Klassen entwickelte sich ein Berufsschulzweig. Gleichzeitig begann die Erweiterung der Schule durch drei neue Klassen, Obersekunda, Unterprima und Oberprima. Am 2. Juni 1932 wurde sie als prüfungsberechtigte Oberrealschule anerkannt[160]. Auch Mädchen konnten dort das Abitur ablegen. Selbstverständlich wandte sich die Fürsorge der Schule auch ihren lernschwachen Schülern zu, die in besonderen Klassen gefördert wurden. Als Leiter dieser großen Schule – einer Art Gesamtschule – war Spier gewohnt, in der vielfältigsten Weise gefordert zu werden. Ehemalige Schülerinnen und Schüler bezeichnen ihn noch heute als „brillant"[161].

Unter den sich ständig steigernden Nöten und Schwierigkeiten der nationalsozialistischen Herrschaft scheinen seine Kräfte noch gewachsen zu sein. Doch niemals zuvor hatte er wohl vor einer schwereren Aufgabe gestanden als im Spätherbst 1938: Am 28. Oktober wurden über 1000 polnische oder „staatenlose" Hamburger Juden über die Grenze nach Polen vertrieben[162]; fast alle wohnten schon seit Jahrzehnten in Hamburg oder Altona. Viele Familien, deren Kinder die beiden jüdischen Schulen besuchten, waren davon betroffen; einige flohen vor der drohenden Vertreibung. Offenbar blieben die Kinder in den meisten Fällen allein und mittellos zurück.

In dieser Situation kam es zu einem Vorgang, für den es wahrscheinlich im ganzen Reich nichts Vergleichbares gab: Die Gestapo selbst beauftragte Spier, „die Auswanderung Jugendlicher zu fördern", d. h., eine Hilfsaktion für bedrohte jüdische

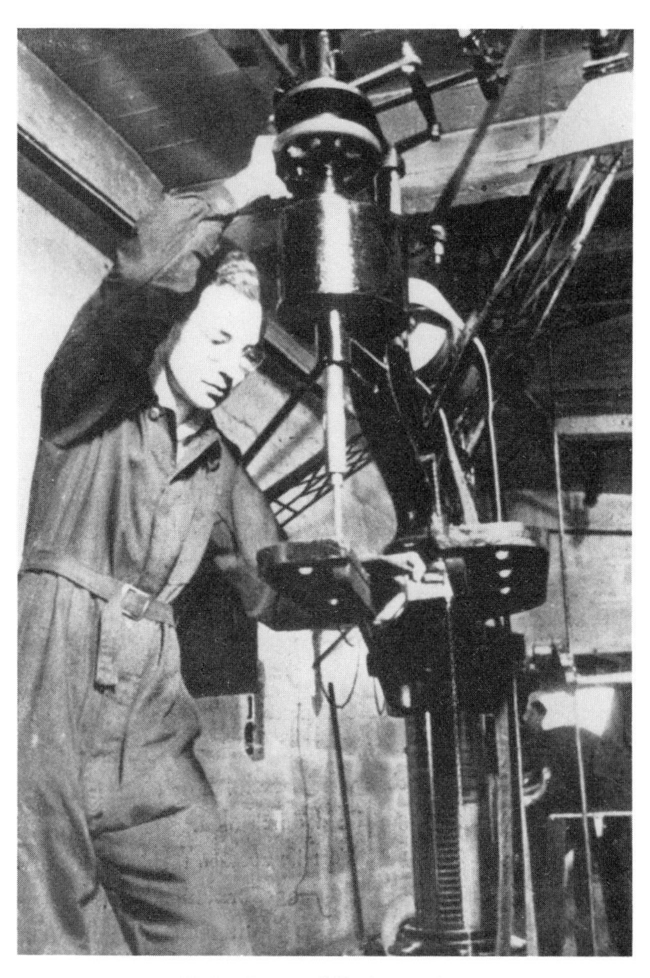

13. Vorbereitung auf die Auswanderung:
Lehrwerkstatt für Schlosserei, ca. 1939

14. Klasse der Talmud Tora Schule mit A. Spier, 1937. Diese Klasse machte 1938 Abitur.
6. v. l.: Ruth Tuteur, die 1941 nach Minsk deportiert wurde und umkam.

15. Die Kleinsten vom Mädchen-Waisenhaus Paulinenstift, ca. 1940

Kinder in die Wege zu leiten. Vermutlich stand Göttsche hinter diesem Auftrag, den er mit der „10. Verordnung zum Reichsbürgergesetz" begründen konnte[163].

Die folgenden Monate standen für Spier und eine Anzahl von Helferinnen und Helfer im Zeichen der Rettungsaktion. Verhandlungen mit einer englischen Hilfsorganisation und der jüdischen Gemeinde in Stockholm wurden aufgenommen, Kindertransporte zusammengestellt. Es ist nicht bekannt, wie viele Kinder auf diese Weise das rettende Ausland erreichen konnten. Fest steht, daß Spier selbst im Dezember 1938 und März 1939 derartige Transporte nach England begleitete[164]. Auch Dr. Jonas konnte damals als Begleiter englischen Boden betreten[165]. Die Schulbehörde beurlaubte sie jeweils für 10 bis 12 Tage; danach meldeten sie sich pünktlich zum Dienstantritt in Hamburg zurück[166].

Ein Schreiben Spiers vom 18. Juli 1939 an Councillor Leo Hirschfeld in London macht deutlich, wie schwer die Kinder bedroht waren, wenn Spier die Gefahr auch nicht genau definierte: „Frau Oberrabbiner Carlebach von hier hat mir berichtet, in welch hochherziger Weise Sie ihr bei den Bemühungen, die 40 gefährdeten polnischen und staatenlosen Kinder unterzubringen, zur Seite gestanden haben. Trotz der Zusage von Mrs. Kingsley Smellie haben wir leider nichts wieder gehört, obwohl die Gefahren für diese Kinder sich sehr vergrößert haben. Ich möchte Sie herzlich bitten, Ihren großen Einfluß nochmals geltend zu machen, damit die gefährdeten Kinder möglichst schnell von hier wegkommen können"[167].

Noch am 8. August 1939 fuhr Spier erneut nach London, um mit der Organisation „Movement for the Care of Children from Germany" über die Aufnahme weiterer Kinder zu verhandeln[168]. Es kam nicht mehr dazu. Kurz darauf vereitelte der Beginn des 2. Weltkrieges alle weiteren Bemühungen.

Die Ausreise- und Aufnahmeformalitäten waren – wie auch sonst bei Emigrationen – schwierig und zeitraubend. Offenbar hat man sowohl in England wie in Schweden die Gefahr für die Kinder unterschätzt. Einige mußten trotz Spiers verzweifelter Anstrengungen in Hamburg bleiben.

Das Gedenkbuch für die jüdischen Opfer des Nationalsozialismus in Hamburg verzeichnet ihre Namen.

Zusammenlegung der jüdischen Schulen (1939)

Seit dem Spätherbst 1938 gab es keinen Zweifel mehr, daß schwere, ja tödliche Gefahr drohte. Noch standen alle unter dem Eindruck der Vertreibung und Verhaftung staatenloser und polnischer Juden, als neue Schrecken hereinbrachen: In der Pogrom-Nacht vom 9. zum 10. November, verharmlosend „Reichskristallnacht" genannt, wurde das gesamte Kollegium der Talmud Tora Schule verhaftet. Direktor Spier erlitt Verletzungen, an deren Folgen er noch heute leidet, als man ihn im Polizeigefängnis Sedanstraße eine Treppe hinunterstieß.[169] Nur durch Zufall entging Dr. Jonas der Verhaftung.[170] Die Gefangenen – unter ihnen auch eine Anzahl älterer Schüler – wurden ins Zuchthaus Fuhlsbüttel überführt und erst nach Tagen qualvoller Ungewißhheit auf Göttsches Anordnung freigelassen. Der Unterricht wurde wieder aufgenommen. Von nun an blieb das Gefühl ständiger Bedrohung.

Durch die große Fluchtwelle, die jetzt einsetzte, ging die Zahl der Schülerinnen und Schüler rasch zurück. Hatten Ostern 1938 noch 729 Jungen und 556 Mädchen die beiden jüdischen Schulen besucht[171], so waren es im Frühjahr 1939 insgesamt nur noch 600[172], und eine weitere Abnahme der Schülerzahl war zu erwarten.

Immer noch gab es Zugänge, wenn auch die Abgänge bei weitem überwogen. Die Auflösung der Israelitischen Gemeindeschule in Altona im Oktober 1938 brachte einen Zustrom von 55 Jungen und 31 Mädchen.[173] Am 15. November 1938 wurde jüdischen Schülern der Besuch öffentlicher Pflichtschulen durch einen Ministerialerlaß endgültig verboten.[174] Dadurch ergaben sich völlig neue Probleme, denn unter den 47 Jungen und 30 Mädchen, die jetzt angemeldet werden mußten[175], befanden sich einige konfessionslose oder christlich getaufte und erzogene Kinder. Direktor Spier erklärte sich bereit, alle „Juden" im Sinne der Nürnberger Gesetze aufzunehmen und – soweit sie sich nicht zur jüdischen Religion bekannten – vom Religionsunterricht zu befreien[176].

Eine Zusammenlegung beider Schulen war aus finanziellen und schulischen Gründen nicht mehr zu umgehen. Die Mädchenschule verlor ihre Selbständigkeit. Zum 1. April 1939 mußten die Mädchen mit ihren Lehrerinnen und Lehrern das Haus in der Carolinenstraße verlassen und zum Grindelhof umziehen. In den beiden Gebäuden der Talmud Tora Schule, dem Schulhaus Nr. 30 und der benachbarten Villa Nr. 38, fanden alle Kinder Platz. Jungen und Mädchen wurden nun gemeinsam unterrichtet; bisher war Koedukation ein Privileg der Abschlußklassen der Oberrealschule gewesen.[177]

Doch es blieb nicht lange Zeit zum Eingewöhnen und Einleben in der neuen Umgebung. Am 8. Juli versetzte ein persönlicher Anruf des Reichsstatthalters die Schulverwaltung in Aufregung: Kaufmann wollte wissen, warum die Räumung der Talmud Tora Schule, die er bereits vor 5 Monaten angeordnet hätte, immer noch nicht durchgeführt worden sei und was die Schulverwaltung in der Zwischenzeit veranlaßt habe, um der Anordnung nachzukommen. Zugleich erteilte er die strikte Anweisung, daß der Schulbetrieb in der Talmud Tora Schule nach den Sommerferien nicht wieder aufgenommen werden dürfe. Die Gebäude am Grindelhof sollten so schnell wie möglich der Hochschule für Lehrerbildung zur Verfügung gestellt werden.[178]

Den Sommer über hatte das Haus in der Carolinenstraße leergestanden. Jetzt wurde es eilig renoviert und instandgesetzt, denn rasch aufgenommene Verhandlungen hatten ergeben, daß die Talmud Tora Schule dort untergebracht werden konnte. Auch Göttsche erklärte sich damit einverstanden. Da die Räume der Mädchenschule auch bei sorgfältigster Planung und Einteilung nicht ausreichten, durfte die alte Villa Grindelhof 38 noch bis zum Frühjahr 1940 weiter benutzt werden.[179]

Nach den Sommerferien gab es wieder einen Umzug – zurück in die Carolinenstraße. Lehrer und Schüler packten mit an, um die Kosten möglichst gering zu halten. Am 20. September teilte Spier der Geheimen Staatspolizei mit, daß der Unterrichtsbetrieb aufgenommen worden sei.[180]

Mit Wirkung vom 1. Juli 1939 war die Schule der „Reichsvereinigung für Juden in Deutschland" unterstellt worden, die von nun an alle Kosten zu tragen hatte. Damit entfielen die staatlichen Subventionen. Für 1939 war noch ein Staatszuschuß von 180.000 RM bewilligt worden.[181]

Noch im gleichen Jahr gingen die beiden Gebäude am Grindelhof in den Besitz der Hansestadt über. Der Kaufpreis von 221.600 RM wurde freilich nicht ausgezahlt, sondern für „Wohlfahrtslasten" verrechnet.[182]

Der Verlust traf die Gemeinde schwer. Die Schule war Zentrum für zahlreiche Aufgaben gewesen, die weit über die Unterrichtung der Kinder am Vormittag hinausgingen, und das Gebäude Grindelhof 30 war unter hohen Kosten dafür hergerichtet worden. Fortbildungs- und Berufsunterricht für etwa 90 schulentlassene Jugendliche, die in den Lehrwerkstätten ausgebildet wurden, hatte bisher nachmittags am Grindelhof 30 stattgefunden.

Seit die Benutzung öffentlicher Sportplätze und Turnhallen für Juden verboten war, trafen sich abends Jugendliche und Erwachsene zum Sportunterricht in der Turnhalle und auf dem

Schulhof. An Sprachkursen zur Vorbereitung Erwachsener für die Auswanderung hatten im Mai 1939 noch über 300 Menschen teilgenommen.[183]

Die Arbeit wurde in den Räumen der Carolinenstraße fortgeführt, so gut es eben ging. Die Schülerzahl nahm weiter ab. 265 Jungen und 185 Mädchen meldete Spier im Oktober 1939 der Schulverwaltung; 102 von ihnen besuchten die Oberschule. Die sechs Schüler der beiden Abschlußklassen – ausschließlich Jungen – wurden gemeinsam unterrichtet. Es rückten aber noch vollbesetzte Jahrgänge nach, die das Abitur anstreben.[184]

Im November 1939 verlor die Talmud Tora Schule ihren Namen; Spier hatte vorgeschlagen, ihn als Obertitel zu erhalten und „Volks- und Oberschule für Juden" hinzuzufügen. Doch nur der Zusatz durfte bleiben.[185] Kurz darauf erhob der Reichserziehungsminister Einspruch gegen die Namensänderung: Jüdische Schulen, die über das Volksschulziel hinausführten, dürften sich nicht der Bezeichnung „Oberschule" bedienen; gegen „höhere Schule" sei nichts einzuwenden.[186]

Die Schule Carolinenstraße 35 hieß nun also „Volks- und Höhere Schule für Juden."[187]

Namenwechsel – daran war man schon gewöhnt. Der Name „Israelitische Töchterschule" war einst mit Sorgfalt gewählt worden und hatte 46 Jahre überdauert. Auch den Namen von 1930 konnte man noch selbst bestimmen: „Mädchenschule der Deutsch-Israelitischen Gemeinde, Volks- und Realschule"; er entsprach dem veränderten Charakter der Schule. Was dann kam, war Diktat. Die Umwandlung der Bezeichnung „Realschule" in „Oberschule" war 1937 allgemein angeordnet worden und bedeutet keine große Veränderung.[188] Ein halbes Jahr später wurde „Jüdische Mädchenschule, Volks- und Oberschule" vorgeschrieben.[189] Bald danach ging die Mädchenschule in der Talmud Tora Schule auf. Und jetzt – im Dezember 1939 – saß Bertha Hirsch, die Schulsekretärin, wieder einmal an ihrer Schreibmaschine, um Behörden und andere Dienststellen von den Umbenennungen zu unterrichten.

Aber es gab wahrhaftig Schlimmeres.

Die letzten Reifeprüfungen (1940)

Im Spätherbst nach Kriegsbeginn bereitete man sich noch einmal auf Reifeprüfungen vor. Niemand wußte, daß es die letzten in der Geschichte der Schule sein sollten.

Seit der Anerkennung der Talmud Tora Schule als prüfungsberechtigte Oberrealschule im Jahr 1932 hatten 59 Schüler und 14 Schülerinnen dort das Abitur bestanden.[190] Immer hatte der übliche Jubel geherrscht, wenn alles glücklich vorüber war. Aber nach der Abschlußprüfung am 27. Januar 1939 war es anders gewesen. Nur 8 Schüler und 3 Schülerinnen hatten sich eingefunden: einer fehlte. Der glänzend begabte Oberprimaner Benjamin Beck war als ehemaliger Pole im Oktober 1938 aus der Schule herausgerissen und nach Polen geschickt worden.[191] Ende November 1939 wußte man nichts weiter von ihm, als daß er sich noch immer in „Schutzhaft" befand.[192]

Für die Prüfung im Januar 1940 meldeten sich nur noch zwei Abiturienten: Oscar Judelowitz aus Libau in Lettland und Rolf Levisohn aus Hamburg. Beide erhielten das Reifezeugnis.[193]

Judelowitz hatte ein Gymnasium in Königsberg besucht, bevor ihn die Eltern 1933 nach Hamburg schickten. Der junge Mann mit dem baltisch-ostpreußischen Dialekt interessierte sich vor allem lebhaft für Mathematik und Naturwissenschaften. Er wurde als körperlich kräftig, geistig rege, hilfsbereit und gleichbleibend freundlich geschildert.[194] Nach dem Abitur wollte er in seine lettische Heimat zurückkehren.[195] Sein weiteres Schicksal ist unbekannt.

Levisohn, einziger Sohn eines Bücherrevisors, war von Geburt an körperbehindert. Er litt an Zwergwuchs, seine Hände waren verkrüppelt; vom Sport und dem Fach „Handfertigkeit“ mußte er befreit werden. Dennoch hatte er eine klare Handschrift. Trotz seiner Behinderung wich er keiner Anforderung aus, sondern packte selbst bei körperlich anstrengenden Arbeiten kräftig mit zu. Auch er galt als vielseitig interessiert, hilfsbereit und freundlich.[196] Das Personalblatt der Schule gibt an, daß sein Vater Frontkämpfer im 1. Weltkrieg war und mit dem EK II sowie dem Hanseatenkreuz ausgezeichnet wurde.[197]

Für die Nationalsozialisten aber war Levisohn doppelt stigmatisiert: als Jude und als „Krüppel“. Im November 1938 hatte die Gestapo den 18jährigen von der Straße weg verhaftet; sechs Wochen lang wurde er im KZ Oranienburg-Sachsenhausen gefangengehalten. Seit seiner Entlassung war er „ständig, aber zu seinem große Leidwesen vergeblich, um baldige Auswanderung bemüht“.[198] Wohl zu Recht befürchtete er, in besonderem Maße Zielscheibe nationalsozialistischer Willkür zu sein.

Beide Abiturienten wählten dasselbe Aufsatzthema: „Unglück selber taugt nicht viel, doch es hat drei gute Kinder: Kraft, Erfahrung, Mitgefühl“.[199] Weder Levisohn noch Judelowitz hatten eine besondere Stärke im schriftlichen Ausdruck, und so wirkten ihre Aufsätze im ganzen blaß. Nur einmal, als Levisohn die Verzweiflung vom Unglück betroffener Menschen beschrieb, brach unvermittelt auch seine eigene Verzweiflung hervor: „Das soll das Leben sein? rufen sie aus. Wozu bin ich geboren? Ich will nicht mehr leben! Warum geschah gerade mir dieses Unglück?“ Aber später fuhr er fort: „Unterliege oder versuche den Kampf aufs Neue, heißt die Parole. Der Mensch lebt in einem Taumel dahin. Alle Kräfte in ihm sammeln sich zu dem alles entscheidenden Kampf.“[200]

Nein, Rolf Levisohn wollte noch nicht aufgeben. „Nach

erfolgter Reifeprüfung beabsichtige ich, aus Deutschland auszuwandern", schloß sein Zulassungsgesuch zum Abitur.[201] Und er unterschrieb, wie es die Nationalsozialisten angeordnet hatten:

„Rolf Israel[202] Levisohn
Kennort Hamburg
Kennkarte Nr. B. O 5557".

Doch er kämpfte vergebens. Mit dem ersten großen Transport von Hamburg nach Litzmannstadt im Oktober 1941 schickte die Gestapo ihn und seine Eltern in den Tod.[203]

Weg in den Untergang (1940–1941)

Kurz nach den letzten Prüfungen, am 1. März 1940, richtete die Geheime Staatspolizei folgendes Schreiben an Spier: „Das Geheime Sicherheitsamt in Berlin hat Sie mit Zustimmung der zuständigen Reichsministerien zum Leiter des gesamten jüdischen Schulwesens im Reich bestellt. Zunächst werden Sie beauftragt, im Judenreservat Polen ein jüdisches allgemeines Unterrichtswerk nach dem Vorbild der entsprechenden Einrichtungen im Altreich aufzubauen. Nähere Anweisungen erfolgen bei Übernahme Ihres Amtes nach Ihrer Rückkehr aus dem Ausland."[204]

Der Hinweis auf die „Rückkehr aus dem Ausland" bezog sich auf einen mehr als ungewöhnlichen Auftrag: Spier sollte nach New York reisen und dort von der Familie Warburg Geld für das geplante „Reservat" beschaffen. Göttsche hatte ihm diesen Auftrag mündlich unterbreitet.[205] Anscheinend wurde das Unternehmen als Auswanderung getarnt, denn Spier richtete ein entsprechendes Schreiben an die Schulbehörde[206], und von der Jüdischen Gemeinde erreichten ihn Briefe voller Dank und

Anerkennung.[207] Doch Göttsche scheint fest mit seiner Rückkehr gerechnet zu haben. Er hatte sich geirrt: Spier blieb in New York.

Zum Direktor der „Volks- und Höheren Schule für Juden" in der Carolinenstraße 35 wurde Dr. Jonas bestimmt.[208] Die Ernennung zum Schulleiter der letzten jüdischen Schule in Hamburg kam einem Todesurteil gleich: Die Gestapo verbot Jonas die Auswanderung, die er für sich und seine Familie bereits ins Auge gefaßt hatte.[209] Jetzt erst begann das letzte und dunkelste Kapitel der Schule.

Zum erstenmal seit 1932 fand im Januar 1941 kein Abitur statt. Die Oberprima hatte sich schon vor Monaten aufgelöst, da Schüler emigriert oder in Fortbildungseinrichtungen übergegangen waren. Der einzige Primaner, der übrigblieb, hatte sich für den Rest des Schuljahres beurlauben lassen.[210]

Trotz der quälenden und ständig wachsenden Sorgen war Dr. Jonas von einer gewissen Zuversicht erfüllt. Er schöpfte Kraft aus seinem starken Glauben. Unbeirrbar achtete er Tag für Tag darauf, daß der Unterricht so regelmäßig, so pünktlich, so „normal" stattfand wie irgend möglich, um den Kindern wenigstens in der Schule das Gefühl von Halt und Sicherheit zu geben.

Immer häufiger gab es nachts Fliegeralarm. Dann durften die Kinder am nächsten Tag später zur Schule kommen, oder der Unterricht fiel sogar ganz aus. Am Morgen des 9. Mai 1941 fand Dr. Jonas sein Schulhaus erheblich beschädigt vor. Eine nahe Bombenexplosion hatte Fensterrahmen herausgerissen und Scheiben zertrümmert. Die Fußböden waren mit Glassplittern und Putz von den Wänden bedeckt. Zwei Nächte später zerstörte ein Volltreffer die Turnhalle der Volksschule Kampstraße, die unmittelbar an die Turnhalle der jüdischen Schule grenzte; natürlich richtete die Sprengwirkung auch dort sowie an der Hinterfront des Hauptgebäudes Schäden an. Es sah böse aus. Aber schon wenige Tage später gab Dr. Jonas bekannt, daß durch beschleunigte Aufräumungsarbeiten in den meisten Klassen bereits wieder unterrichtet werden konnte.[211]

Außerhalb ihrer Schule lernten die Kinder aus der Carolinenstraße 35 vor allem, daß für Juden fast alles verboten war: Kein Jude durfte vor 6 Uhr morgens oder nach 8 Uhr abends die Straße betreten, es sei denn, mit staatspolizeilicher Genehmigung. Der Besuch von Theatern, Kinos, Konzerten, Ausstellungen, Badeanstalten usw. war nur „Ariern" erlaubt. Auf Kinderspielplätzen las man „Juden unerwünscht". Nur wenn es gar nicht zu vermeiden war, durfte man mit der Straßenbahn oder mit der Hochbahn fahren. In der Straßenbahn hatte man auf der vorderen Plattform zu stehen und durfte sich nicht unterhalten. Juden hatten natürlich andere Ausgabestellen für Lebensmittelkarten als „Arier", und sie mußten in besonderen Läden einkaufen, z.B. in der Ostmarkstraße. Manche hatten weite Wege dorthin, und dann mußte man gewöhnlich lange anstehen. Frl. Hirsch, die Schulsekretärin, besaß einen Ausweis, damit sie als Berufstätige bevorzugt abgefertigt wurde.[212] Ziemlich oft gab es „Sonderzuteilungen" – Kaffee, Schokolade, Eier –, aber auch davon waren Juden ausgeschlossen. Jüdische Babies und Kleinkinder bekamen keine Vollmilch, Kranke keine Diätkost. Seit Beginn des Krieges gab es Kleiderkarten – nur für „Arier". Dauernd kamen neue Anordnungen und Verbote heraus. Bei jedem Verstoß drohten „staatspolizeiliche Maßnahmen."[213]

Am 1. Oktober wurden in der Schule Carolinenstraße 35 noch 343 Schülerinnen und Schüler unterrichtet[214], darunter 299 Kinder vom ersten bis zum achten Schuljahr.[215] Zehn Lehrer und dreizehn Lehrerinnen bildeten das Kollegium. Acht von ihnen bezogen vorzeitig winzige „Ruhegelder" und arbeiteten ehrenamtlich weiter.[216] Die Gehälter der anderen waren derartig gekürzt worden, daß sie kaum noch für das wenige ausreichten, was Juden zu kaufen erlaubt war.[217] Seit dem 1. Juli 1939 waren die hohen staatlichen Subventionen endgültig gestrichen worden, und die „Reichsvereinigung der Juden", der die Schule seitdem unterstellt war[218], besaß kaum noch Mittel, sie zu unterhalten.

Es war eine Schule ohne Beispiel in Hamburg. Seit kurzem waren alle Menschen in diesem Haus mit dem gelben Stern gekennzeichnet, vom 6jährigen ABC-Schützen angefangen (es gab 34 dieser jüngsten Sternkinder, 11 Jungen und 23 Mädchen) bis zum Schulleiter, der Sekretärin, dem Hausmeister und den Reinmachefrauen.[219]

Es gab kein Entkommen mehr. Im Herbst 1941 wurde die Auswanderung von Juden aus dem Deutschen Reich verboten.[220] Dennoch kamen die Deportationen überraschend. Am 25. Oktober ging der erste Transport mit 1034 Menschen nach Lodz, dem damaligen Litzmannstadt. Die Lehrerinnen Rebecca Rothschildt und Henriette Arndt hatten den „Evakuierungsbefehl" erhalten, ebenso Dr. Dorothea Bernstein und Siegbert Frankenthal, die erst im Laufe des Jahres 1941 aus dem Kollegium ausgeschieden waren. Zahlreiche Kinder der Schule mußten mit ihnen die Reise antreten.[221]

Der nächste Transport mit 965 Personen verließ Hamburg am 8. November. Das Ziel war Minsk. Sophie London und Emil Nachum mußten diesen Zug besteigen. Viele Väter von Kindern der Schule nahmen Abschied von ihren Familien; ihre Angehörigen sollten wenige Tage später folgen. Die Turnhalle an der Kampstraße wurde zur Sammelstelle für das Gepäck der Frauen und Kinder. Beamte der Gestapo durchwühlten die Koffer und warfen Pelzsachen, Süßigkeiten und andere für Juden verbotene Dinge in bereitgestellte Waschkörbe.[222] Schon am 18. November ging ein weiterer Transport mit 402 Menschen nach Minsk, unter ihnen Elsa Behrend, Leopold Hirsch und Johanna Keibel, die noch im Frühjahr 1941 zum Kollegium gehört hatte. Mindestens 80 Schulkinder aus Hamburg verschwanden in diesen Novembertagen im überfüllten Getto der weißrussischen Stadt.

Der vierte Transport nach Riga am 6. Dezember mit 737 Personen führte Ernst Streim, Naftali Eldod, Jettchen Heilbut, Therese Loewenthal und Margot Massé bei eisiger Kälte in den Tod. Viele Kinder der Schule Carolinenstraße 35 waren auch diesmal unter den Opfern. Und auch Dr. Joseph Carlebach, wortgewaltiger Oberrabbiner von Hamburg und Amtsvorgänger von Spier an der Talmud Tora Schule, trat am 6. Dezember den Weg in die Vernichtung an.

Leonie Briske, die junge Sportlehrerin, floh Mitte November zu ihren Angehörigen nach Berlin. Sie fand alle in furchtbarer Aufregung; auch von dort rollten die Deportationszüge nach dem Osten. Bis zum 5. Dezember hatte sie Aufenthaltsgenehmigung, da sie heiraten wollte.[223] Aber sie kehrte nicht zurück nach Hamburg. Ein letztes Lebenszeichen galt Bertha Hirsch, der Schulsekretärin: „Ich hoffe, daß alles klappt und ich wenigstens so lange mit meinen Angehörigen zusammenbleiben kann, bis die Reihe an uns alle kommt. Alles, alles Gute und 1000 Dank! Wenn ich Sie nicht gehabt hätte! Grüßen Sie bitte alle!“[224]

Bertha Hirsch bewahrte den flüchtig geschriebenen Notizzettel. Sie schrieb in diesen Tagen Zahlen nieder, die 100fachen Tod bedeuteten. Sie ordnete die „Halbjährlichen Zeugnisse“ der verschwundenen Kinder und versah sie mit dem Stempel „abgewandert“ und dem Datum.[225]

Nach dem 6. Dezember setzten die Deportationen bis zum Juli 1942 aus. Von den 23 Lehrerinnen und Lehrern, die noch im Oktober auf der Schulliste gestanden hatten, waren 11 übriggeblieben: zu viele Lehrkräfte für nur 76 Kinder, die im Haus Carolinenstraße 35 im Dezember gezählt wurden.[226] Nicht alle, die jetzt fehlten, waren deportiert worden; eine Anzahl Auswärtige hatten von der Gestapo die Genehmigung erhalten, zu ihren Eltern zurückzukehren. Freilich waren sie in ihren Heimatorten nicht sicherer, aber doch wenigstens bei ihren Familien. Verschont geblieben waren bisher auch noch der

Hausmeister Julius Meyer, ein kluger, tatkräftiger Mann, seine Frau Gerda, das Töchterchen Ruth und die Schwiegereltern.[227]

In Hamburg war Weihnachten. Am 24. Dezember 1941 ging bei der Bauabteilung der Schulverwaltung ein Schreiben ein: Dr. Jonas teilte mit, daß er 70 zweisitzige und 5 dreisitzige Schulbänke abzugeben habe. Dem Angebot war eine telefonische Anfrage der Schulverwaltung vorangegangen. Die Angelegenheit wurde überprüft und festgestellt, daß nicht nur 70, sondern 89 Zweisitzer angekauft werden konnten. Von dem billigen Angebot – pro Bank setzte die Bauabteilung 14,– RM fest – wurde gern Gebrauch gemacht: Schulmobiliar war knapp. Vom Ankauf der Dreisitzer sah man ab, dagegen waren 4 Lehrerpulte und 4 Podeste zu gebrauchen. „Einverstanden. Ich empfehle, gelegentlich alte Viersitzer gegen Zweisitzer auszutauschen", notierte der zuständige Schulrat auf dem Schreiben der jüdischen Schule.[228]

Kommissar Göttsche erklärte auf telefonische Anfrage, daß die Überweisung des Geldes auf das Konto des Jüdischen Religionsverbandes ohne Bedenken erfolgen könne, denn die Geheime Staatspolizei überwache den gesamten Geldverkehr des Verbandes.[229] Das war wichtig. Schließlich mußte man gerade bei Geldangelegenheiten sicher sein, daß alles seine Ordnung hatte.

Das Ende der Jüdischen Schule in Hamburg (1942)

Noch nie war die Schule Schülern und Lehrern so groß und leer vorgekommen wie jetzt um die Jahreswende 1941/42. Ein Teil der Klassenräume lag kalt und verödet da. 76 Kinder ließen sich leicht auf 5 Klassen verteilen. Noch im Dezember hatte der

Jüdische Religionsverband einige der letzten Lehrer entlassen müssen.[230] Im Januar 1942 wurde Rebecka Cohn neu eingestellt; sie hatte schon seit einiger Zeit nur noch „Ruhegeld" bezogen und arbeitete „ehrenamtlich".[231] In ihren Papieren wurde ihr „gütiges und frohes Wesen", ihre „heitere Wesensart" hervorgehoben.[232] Ihr vertraute man die letzten sieben Erstkläßler an, unter ihnen Ruth Meyer, die Tochter des Hausmeisters.[233]

Dr. Jonas mußte seine Wohnung am Woldsenweg in Eppendorf räumen, in der er seit vielen Jahren mit seiner Familie gelebt hatte. Zusammen mit seiner Frau, der Ärztin Dr. Marie-Anna Jonas, und der einzigen Tochter Esther wurde er in ein „Judenhaus" am Laufgraben im Stadtteil Grindel eingewiesen. Die Wohnungen dort waren mit verzweifelten, angsterfüllten Menschen hoffnungslos überbelegt.[234]

Aber Dr. Jonas wurde nicht krank, er brach nicht zusammen. Noch stand seine Schule an der Carolinenstraße 35, dort wurde er gebraucht. Langsam nahm die Zahl der Schüler wieder zu. Im Februar war sie auf 84 gestiegen, 42 Jungen und 42 Mädchen.[235]

Ab und zu kam Post von ehemaligen auswärtigen Schülern, die in den Wochen der „Evakuierungstransporte" zu ihren Eltern zurückgekehrt waren. Aus Werther bei Bielefeld schrieb der 15jährige Walther Weinberg, der – ebenso wie sein jüngerer Bruder Herbert – gern zur Schule gegangen war. Er fragte, ob es nicht möglich wäre, wieder nach Hamburg zu kommen.[236] Dr. Jonas mußte ihm den Wunsch abschlagen. Aber er riet ihm, sich regelmäßig das durchgenommene Pensum zuschicken zu lassen und es selbständig durchzuarbeiten. Dann könnte er die Ergebnisse zur Begutachtung an seinen Lehrer senden.[237] Ende März 1942 traf wieder ein Brief von Walther ein. In seiner deutschen, noch kindlichen Schrift schrieb er: „Nun wird aus meinem Nachlernen doch nichts mehr, da wir am Montag nach Bielefeld müssen, von wo wir am Dienstag evakuiert werden.

Als Reiseziel wird Traveniki, südöstlich Lublin, genannt. Dort sollen wir Landwirtschaft treiben. Da wir sehr viel zu tun haben, kann ich leider nicht viel schreiben. Nehmen Sie vielen Dank für alles, was ich bei Ihnen lernen durfte." Sein Vater hatte hinzugefügt: „Ich möchte mich von Ihnen verabschieden, mit den besten Wünschen für die nähere und die fernere Zukunft."[238]

Um die gleiche Zeit traf Jonas die Forderung der Schulverwaltung, die Turnhalle zu räumen und sie den Kindern der benachbarten Volksschule Kampstraße zu überlassen, deren Turnhalle ja durch Bomben zerstört worden war. Verzweifelt wies er darauf hin, daß die Turnhalle seinen Schülerinnen und Schülern die einzige Möglichkeit bot, Sport zu treiben. „Jüdische Kinder können nicht, wie die Schüler staatlicher Schulen, in den den Turnvereinen und der staatlich betreuten Jugend zur Verfügung stehenden Gebäuden sich körperlich ertüchtigen. Würde der Turn- und Sportunterricht jetzt ganz eingestellt werden, wäre eine schwere Gesundheitsschädigung der jüdischen Kinder zu befürchten." Er schlug vor, „von der Schule Kampstraße aus einen besonderen Eingang zur Turnhalle zu schaffen und die Turnhalle gemeinsam durch die staatliche und die jüdische Schule benutzen zu lassen, ohne daß irgendwelche Berührungen stattfinden."[239] Jonas war offenbar überzeugt, in der Schulverwaltung gäbe es noch Beamte, die sich für die Gesundheit jüdischer Kinder interessierten. Doch Dr. Oberdörffer war nicht mehr da, und einige Herren, die jetzt zuständig waren, hatten weit mehr Interesse an der jüdischen Schule selbst und an deren Besitz als an den Jungen und Mädchen, die dort noch immer aus- und eingingen.

Denn während Jonas noch versuchte, seine Turnhalle vor dem Zugriff der Behörde zu retten, plante die Schulverwaltung bereits die Übernahme des ganzen Schulgebäudes Carolinenstraße 35.

In Hamburg sollte nämlich eine Lehrerinnenbildungsanstalt

eingerichtet werden und bereits im Sommersemester 1942 ihre Arbeit aufnehmen. Das Gebäude Felix-Dahn-Straße 7 schien für diesen Zweck besonders geeignet; dort waren jedoch eine Sprachheilschule und eine Schwerhörigenschule untergebracht. Es stand fest, daß die Sprachheilschule so schnell wie möglich ausquartiert werden mußte.[240] Doch wohin? Mehrere Vorschläge der Schulverwaltung hatte das Kollegium der Sprachheilschule als ungeeignet abgelehnt. Jetzt geriet die zentral gelegene jüdische Schule mit ihren kleinen Klassenzimmern ins Blickfeld der Schulverwaltung; sie war wie geschaffen für die Bedürfnisse einer Sonderschule. Außerdem war sie unterbelegt. Man vermutete zu Recht, daß es dort nicht einmal mehr 100 jüdische Kinder gäbe.[241]

In einem Schreiben an die Geheime Staatspolizei wurde die Forderung ausführlich begründet: „Die Schulverwaltung ist der Auffassung, die ohne Zweifel auch von den maßgebenden politischen und amtlichen Stellen eingenommen wird, daß unter allen Umständen den 400 deutschblütigen Schülern der Sonderschule der Vorrang vor den 100 Judenkindern zu geben ist." Berücksichtigte man den geringen Raumbedarf so weniger Kinder, „dann muß das in Betrieb stehende Schulgebäude Carolinenstraße als großer Luxus für die Judenschule angesehen werden."[242]

Von der Gestapo kam unerwarteter Widerstand: Göttsche erklärte sich nur unter der Bedingung einverstanden, daß den jüdischen Kindern Ersatzraum beschafft würde, damit „die Judenkinder ihrer Schulpflicht genügen können"[243]. Ein völlig abgeschlossener Flügel im 3. Stock einer Volksschule nahe der Sternschanze schien eine geeignete Lösung zu bieten. Doch von dort herhob sich wütender Protest gegen die unerwünschte Einquartierung. „Der unbestreitbar gute Ruf der alten Mädchenvolksschule ... würde mit einem Schlage schwer gefährdet werden, wenn jüdische Kinder in dem Schulgebäude ... untergebracht werden würden."[244] Besonders die Parteigenossen unter den Eltern würden ihre Kinder wahrscheinlich umgehend umschulen. „Denn der für die Judenschule vorgesehene dritte Stock des Schulgebäudes sowie der Schulhof ... liegen nicht etwa abgeschlossen, sondern vielmehr für die Blicke der umwohnenden Familien sichtbar da. Die Umgegend der Schule ist an jüdische Bevölkerung nicht gewöhnt." Bei Alarm wäre eine gemeinsame Benutzung des Luftschutzkellers unvermeidbar. „Dieses enge Zusammensein arischer Personen mit jüdischen Kindern muß im Dritten Reich als unhaltbar abgelehnt werden." „Enge Berührungen" waren auch bei anderen Gelegenheiten zu befürchten. „Reparaturen und Beanstandungen, die bei der alten Heizanlage unvermeidlich sind, würden zwangsweise unliebsame Unterredungen der jüdischen Schulleitung mit dem Schulleiter und dem Hausmeister ... zur Folge haben". Ein SHD-Trupp[245] war in der Schule untergebracht, und die Männer mußten auf dem Weg zum Abort eine Kellertreppe benutzen, auf die auch die jüdischen Mädchen angewiesen waren. „Eine derartig enge Berührung mit Jüdinnen war bisher in allen Betrieben, in denen jüdische Arbeiterinnen beschäftigt werden mußten, nicht statthaft".[246]

Mehrere Schulräte teilten die Bedenken der Schule. „M.E. sollten die Juden sehen, wie sie ihre Kinder selbst unterbringen; ev. wäre ihre Synagoge am Bornplatz der geeignete Ort dafür", schrieb einer der Herren. Sein Kollege bestätigte auf demselben Schreiben: „... die Lage und Umgebung des Schulhauses ... ist nicht dazu angetan, die jüdischen Kinder dort unauffällig unterzubringen."[247] Die Zeit drängte. Doch Göttsche beharrte hartnäckig auf seiner Forderung nach Ersatzraum.

Dr. Jonas und sein kleines Kollegium wußten inzwischen, daß ihre Schule in der Carolinenstraße für sie verloren war. Noch einmal kam zaghaft Hoffnung auf: Das ehemalige Nebengebäude der Talmud Tora Schule wurde von der Schulverwaltung als Ausweichquartier für die jüdische Schule vorgeschlagen. „Nach Mitteilung der Geheimen Staatspolizei kann die jüdische Schule hier untergebracht werden, ohne in der Öffentlichkeit Ärgernis zu erregen".[248] Allerdings war auch im Grindelhof 38 ein SHD-Trupp untergebracht, dessen Verlegung neue Probleme aufwarf.[249] In einem Schreiben vom 29. April 1942 setzte der Reichsstatthalter den ergebnislosen Verhandlungen ein Ende. Er verfügte, daß „eine Unterrichtung von Judenkindern in Schulen ab sofort aufzuhören hat". Die umgehende Räumung der Schule Carolinenstraße wurde angeordnet. Von Ersatzraum war selbstverständlich nicht mehr die Rede.[250]

Am 6. Mai bat Jonas die Gestapo um Fahrerlaubnis für drei Lehrer und fünf Schüler nach Bahrenfeld und zurück, Straßenbahnlinien 12 und 25. Ein Teil der Bücherei und der Lehrmittelsammlung sollte dort untergebracht werden. Am 15. Mai 1942 erfolgte die Schlüsselübergabe an die Schulverwaltung. Kurz darauf zogen die Kinder der Sprachheilschule mit ihren Lehrern in die Carolinenstraße 35 ein.[252]

Die letzten jüdischen Schulkinder Hamburgs suchten mit ihren Lehrern Zuflucht im jüdischen Knaben-Waisenhaus am Papendamm 3.[253] Das Haus sah auf eine lange Tradition zurück. Schon seit 1766 war ein „Verein zur Versorgung der Waisen" gegründet worden, aus dem 1812 das „Hamburgische Deutsch-Israelitische Waisen-Institut" hervorging. 1883 konnte das Haus am Papendamm festlich eingeweiht werden.[254]

Das Heim war für 30 elternlose Kinder bestimmt und eignete sich nicht als Schule. Dennoch rückte man hier zusammen und nahm den Unterricht – so gut es ging – wieder auf. Außer Dr. Jonas und seinem Stellvertreter, Jacob Katzenstein, sorgten nur noch fünf Lehrkräfte für ihre Schützlinge. Schon im Dezember 1941 waren die Klassen zusammengelegt worden. Dr. Walther Bacher führte die Schülerinnen und Schüler der Unterprima, Sekunda und Obertertia. Untertertia und Quarta waren mit den 7. und 8. Volksschulklassen unter Leitung von Arthur Toczek kombiniert. Lilli Freimann war Klassenlehrerin der 5. und 6.

Volksschulklassen, die gemeinsam mit den Kindern der Sexta und Quinta unterrichtet wurden; außerdem betreute sie eine kleine Gruppe lernschwacher Schüler. Die 2., 3. und 4. Klasse der Grundschule wurden von Flora Rosenbaum versorgt. Schließlich gab es noch die sieben Jüngsten in der 1. Klasse unter Obhut von Rebecka Cohn.[255]

Fast das gesamte Inventar der Schule war in der Carolinenstraße zurückgeblieben. Zufrieden stellte der zuständige Schulrat fest: „Gleichzeitig ist neben Lehrmitteln wertvolles Schulinventar zu außerordentlich annehmbaren Preisen in den Besitz der Schulverwaltung gekommen."[256] Sechs Seiten umfaßte das „Verzeichnis der beim Umzuge zurückgelassenen Gegenstände", das die Schule noch am 12. Mai 1942 zusammengestellt hatte.[257]

Am 30. Juni 1942 mußten alle jüdischen Schulen im Reich schließen, wurde jeder Unterricht für jüdische Kinder verboten.[258] Wie im Dezember, so gab es zu diesem Zeitpunkt wieder 76 Schülerinnen und Schüler in der Jüdischen Schule. Jedes der Kinder bekam zum Abschluß ein Zeugnis.[259]

Für die ganz Kleinen schrieb Rebecka Cohn Berichte. Da hieß es z. B. über die kleine Regine Jacobsen: „Regine ist ein sehr lebhaftes Kind, das mit großem Interesse dem Unterricht folgt. Ihre Leistungen im Lesen sind sehr gut. Das Gelesene kann sie gut wiedererzählen. Sie rechnet schnell und sicher. Regine schreibt gute Diktate. Besonders gut sind Regines Leistungen im Hebräischen. R. ist musikalisch begabt. – Sie hat das Klassenziel erreicht." Auch Daniel Cohen und Ruth Meyer wurden als „musikalisch begabt" bezeichnet. Daniel war „ein besonders guter Rechner", und Ruth konnte gut erzählen und liebte Geschichten aus der Bibel. Ebenso wurden Manfred Meiberg und Ingeborg Feldheim, Ellen Meyer und Hannelore Baum lebendig und liebevoll charakterisiert.[260]

Keines dieser Jüngsten hat das Ende des Krieges erlebt.

Nur 11 Tage, nachdem Regine das erste und letzte Zeugnis

Abgangszeugnis

Die Schülerin der Höheren Schule Hilde Sara Dublon

geboren am 10. September 1924 zu Lüneburg

Sohn

hat unsere Mädchenschule von April 1935 bis April 1939,

die Oberschule vom April 1939 bis 30. Juni 1942 besucht

und war seit August 1941 Schülerin der Klasse VII (Unterprima)

Führung:

sehr gut

Kenntnisse und Leistungen:

Bibel (Tenach): 2	Französisch: 2
Hebr. Grammatik: 2	mündl.: –
Talmud: –	schriftl.: –
Jüd. Geschichte: 2	Rechnen: –
Deutsch: 2	Mathematik: 3
mündl.: 2	Physik: 3
schriftl.: 2	Chemie: 3
Geschichte: 2	Biologie: –
Erdkunde: 2	Musik: 1
Englisch: 1	Singen: 1
mündl.: 1	Zeichnen: –
schriftl.: 2	Sport: 2
Latein: –	Turnen: 3
mündl.: –	Schwimmen: –
schriftl.: –	Kunstgeschichte: 2

Führung: 1: gut. 2: im ganzen gut. 3: nicht tadelfrei. 4: tadelnswert.
Kenntnisse und Leistungen: 1: sehr gut. 2: gut. 3: genügend. 4: mangelhaft. 5: nicht genügend.

Bemerkungen:

Sie wurde nach Klasse VIII (Oberprima) versetzt.
Die Schule entläßt sie mit den besten Wünschen für ihre Zukunft.

Hamburg, am 30. Juni 1942

Der Direktor:

Der Klassenlehrer:
Dr. Walter Israel Bacher

Für die Richtigkeit: Hamburg, den 19

16. Eines der 76 Abgangszeugnisse vom 30. 6. 1942. Hilde Dublon wurde am 19. 7. 1942 nach Theresienstadt deportiert und starb dort an Typhus.

ihres Lebens in Empfang genommen hatte, mußte sie eine lange Fahrt antreten. Ziel: Auschwitz. Im Zug fuhren 21 weitere Schulkinder, die Lehrerinnen Rebecka Cohn, Flora Rosenbaum, Elisabeth Kassel und der Lehrer Julius Hamburger dem Tod entgegen.[261]

Am 15. Juli nahm ein Transport nach Theresienstadt neben Arthur Toczek und Lilli Freimann vier Schüler mit auf den letzten Weg. Am 19. Juli kam die Reihe an Dr. Walther Bacher, Dr. Jonas, Dr. Marie-Anna Jonas, die lange an der Schule unterrichtet hatte, und die Tochter Esther. Nur Esther Jonas überlebte; sie wurde 1945 von den Amerikanern aus dem KZ Mauthausen befreit.[262] Für die ganze Familie des Hausmeisters Julius Meyer dagegen gab es ebensowenig eine Rückkehr wie für 12 Hamburger Schulkinder dieses Transports.

Zwölf weitere Kinder durften noch bis 1943 in Hamburg bleiben. Unter den Deportierten des Jahres 1943 waren schließlich Jeanette Baer und Bertha Hirsch, die unermüdliche Chronistin der Jüdischen Schule.[263]

Einige der letzten 76 Kinder blieben von den Deportationen verschont, vor allem „Mischlinge". Ihr „deutschblütiger" Anteil verlieh ihnen eine größere Überlebenschance.[264]

Von allen deportierten Kindern der Schule sind nur elf zurückgekehrt, sieben Jungen und vier Mädchen.[265]

Die letzten 28 Lehrerinnen und Lehrer, die 1941 noch in der Carolinenstraße 35 unterrichtet hatten, kamen bis auf drei um: Noël Fürst, der begabte Musiklehrer, führte eine „Mischehe" und durfte deshalb weiterleben. Jacob Katzenstein war dänischer Staatsangehöriger und kehrte 1943 nach Kopenhagen zurück. Er ist in Israel gestorben. Max Meyerstein ist es noch im Sommer 1941 gelungen, nach den USA auszuwandern.[266]

Dr. Jonas hat fast bis zuletzt gehofft. Noch unmittelbar vor seiner Deportation – seine Tochter meint, sich zu erinnern, daß es auf dem Bahnsteig der Kaltenkirchener Bahn in Altona war – trat Göttsche zu ihm und versicherte ihm, er werde in

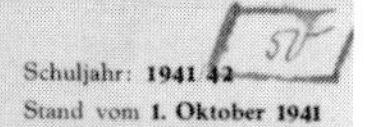

Gemeindeverwaltung der Hansestadt Hamburg
Schulverwaltung
F XIV b 6

Schuljahr: 1941/42
Stand vom 1. Oktober 1941

1

Schulliste

Schule: Carolinenstraße 35

Schulkreis:
Schulrat:

Zahl der Schüler: 299
Zahl der Schülerstunden: 285

1. Schüler

Zahl der Klassen: 10
Durchschnittl. Klassenbesetz.: 30

Lfd. Nr.	Klassenbezeichnung	Gesamtschülerzahl Jg.	Gesamtschülerzahl Md.	davon landverschickt Jg.	davon landverschickt Md.	davon Ostern 1942 zu entlassen Jg.	davon Ostern 1942 zu entlassen Md.	Klassenlehrer Familienname	Klassenlehrer Rufname	Zahl der wöchentlich. Schülerstunden Grundzahl	Mehrst. durch Teilung	Gesamtzahl
1.	1.	11	23					Rothschild	Rebecca	19	-	19
2.	2	18	9					Hirsch	Leopold Israel	25		25
3.	3	10	16					Rosenbaum	Flora Sara	27		27
4.	4	18	14					Hamburger	Julius Israel	27		27
5.	5	18	12					Katzenstein	Jacob	29	12	41
6.	6	24	18					Arndt	Henriette Sara	30	23	53
7.	7	16	18					Streim	Ernst Israel	33	23	56
8.	8a	37	-					Nachum	Emil Israel	35	-	35
9.	8b	-	25					Bacher	Dr. Walt. Israel	37	-	37
10.	Hl	6	6					Kassel	Elis. Sara	23	-	23
11.												
12.												
13.												
14.												
15.												
16.												
17.												
18.												
19.												
20.												
21.												
22.												
23.												
24.												
Zusammen:		158	141							285	58	343

z/ Z. A. F XII c 2

Bem. a) Die Judenschule wurde am 30. 6. 42 geschlossen.
b) Die Personalakten wurden ans Archiv abgegeben.

- 7. Sep. 1942 [illegible]

VS 1625 b. 2m. 9. 41 E/0730

Wenden!

17. Die letzte Schulliste (nur Klassenlehrer)
vom 1. 10. 1941 für die Hamburger Schulverwaltung
mit Schlußverfügung vom 7. 9. 1942

Theresienstadt eine Schule vorfinden. Jonas schenkte ihm Glauben. Als ihm 24 Stunden später befohlen wurde, Kohlen zu schaufeln, begriff er, daß es keine Hoffnung mehr gab. Bald darauf überließ sich der 53jährige ohne Widerstand einer schweren Krankheit und starb am 29. August 1942 in Theresienstadt.[267]

Neun Tage nach seinem Tod, am 7. September 1942, hat ein Beamter der Hamburger Schulverwaltung auf der letzten Schulliste der Schule Carolinenstraße 35 mit roter Tinte in steiler deutscher Schrift vermerkt:[268]

„a) Die Judenschule wurde am 30. 6. 42 geschlossen.
b) Die Personalakten wurden ans Archiv abgegeben."

Liquidation (1942–1943)

Staatsrat a.D. Dr. Leo Lippmann vom Jüdischen Religionsverband Hamburg oblag es, die Verhandlungen über die Liquidation des jüdischen Besitzes zu führen.[269]

Die Schulverwaltung übernahm Mobiliar und Lehrmittel der Schule Carolinenstraße 35 im Wert von RM 10.000.--. Die Kämmerei wurde angewiesen, den Betrag vorschußweise aus dem Haushaltsplan an den Jüdischen Religionsverband zu zahlen.[270] Noch am 16. Juli 1942 hatte Dr. Jonas der Bauabteilung der Schulverwaltung letzte Schulutensilien aus dem leeren Haus am Papendamm 3 angeboten: 6 Klassenschränke, 9 kleine und 3 große Tische, 24 Schulbänke, 28 Stühle, 4 Singsaalbänke, 2 Chemie- und Physikschränke, 2 Biologieschränke, 1 kleinen Wandschrank. Die Kosten hierfür wurden mit 1.500,-- RM berechnet.[271] Lernmittel für Biologie, Physik und Chemie wurden von einer Schule in Hamburg-Sasel übernommen und sollten von dort bezahlt werden.[272]

Mit der Überweisung der vereinbarten Beträge ließen sich die Hamburger Behörden Zeit. Schul- und Sozialverwaltung konnten sich über die Verteilung einzelner Gegenstände nicht einigen.[273]

Dr. Lippmann bat immer wieder um Erledigung der Angelegenheit. „Die Reichsvereinigung der Juden in Deutschland in Berlin verlangt von uns dringend die Abrechnung über das von der Schulverwaltung und der Sozialverwaltung übernommene Inventar der früheren jüdischen Schule aus den Schulgebäuden Carolinenstraße 35 und Papendamm 3. Die Reichsvereinigung muß ihrerseits die Abrechnung über die Schulinventare aller früheren jüdischen Schulen ihrer Aufsichtsbehörde vorlegen und den Eingang der Zahlungen nachweisen", schrieb er am 27. Oktober 1942.[274] Am 23. Nov. 1942 mahnte er erneut: „Nachdem unsere wiederholten Schreiben, in denen wir um alsbaldige Überweisung des Gegenwerts für die von der Schulverwaltung übernommenen Inventargegenstände der früheren jüdischen Schule Carolinenstraße 35 gebeten haben, bisher unbeantwortet geblieben sind und wir immer wieder von unserer Zentrale in Berlin, die ihrerseits ihrer Aufsichtsbehörde berichten muß, um Erledigung ersucht werden, müssen wir heute noch einmal die dringende Bitte an die Schulverwaltung richten, uns nunmehr baldigst den Entgelt für das Inventar zu überweisen."[275]

Am 29. Dez. 1942 konnte endlich der Eingang von RM 10.000,-- für das Schulinventar der Carolinenstraße 35 bestätigt werden. Weitere Beträge standen jedoch noch immer aus. „Da unserer Aufsichtsbehörde zum Jahresabschluß über den Stand der Inventarkäufe Bericht erstattet werden muß, bitten wir um umgehenden, möglichst telefonischen Bescheid, wann mit dem Eingang der rückständigen Beträge gerechnet werden kann."[276] Am 8. Jan. 1943 wurde der Rechnungsbetrag von 1.756,-- RM angewiesen. Auch die Schule in Sasel meldete sich: 1.500,-- RM für die naturwissenschaftliche Sammlung der jüdischen Schule werde der Landbezirk nunmehr zahlen.[277]

Am 18. Dez. 1942 erwarb die Hansestadt Hamburg die Gebäude Carolinenstraße 35 und Kampstraße 62 – Schulgebäude und Turnhalle – für 100.00,-- RM.[278] Die Verwaltung der Grundstücke wurde der Schulverwaltung übertragen. „Der Kaufpreis für die ... in dem Vertrage aufgeführten Gebäude Carolinenstraße 35 ff. ist am 9. 6. 43 mit der Reichsvereinigung der Juden verrechnet worden", teilte die Kämmerei der Schulverwaltung mit.[279]

Im Juni 1943 waren alle Verhandlungen abgeschlossen; die letzten jüdischen Organisationen wurden aufgelöst. Nun erhielt auch Dr. Lippmann den Evakuierungsbefehl. Gemeinsam mit seiner Frau Anna, geb. v. d. Porten, nahm er sich in der Nacht vom 10. zum 11. Juni das Leben, um der Deportation zu entgehen.[280]

Zwischen dem 25. Juli und dem 3. August 1943 verwüstete die „Operation Gomorrha" der Royal Airforce weite Teile der Stadt. Das Haus Papendamm 3 wurde zerstört. Gegenüber der Schule Carolinenstraße 35 ging eine Luftmine nieder, „riß sämtliche Fenster und Türen heraus, zertrümmerte viel Inventar und kostbare Sammlungen". Aber das alte Haus blieb stehen.[281]

Nach den Sommerferien 1943 blieben alle Schulen im Hamburger Stadtkern geschlossen.

Mit Wirkung vom 1. Juni 1944 überließ die Hansestadt Hamburg der Geheimen Staatspolizei Hamburg 594,5 qm Nutzfläche in der Schule Carolinenstraße 35.[282] Das Gebäude war als „Ersatzraum für die Vollziehungsstelle" bestimmt.[283] Ein Raum für die Schulleitung blieb frei; nachts hielt sich dort die Luftschutzwache auf.[284] Die Gestapo ließ „sämtliche Fensteröffnungen bis auf ein je ein 1 qm großes Fensterloch zumauern und dieses durch Rollglas mit Holzleisten einigermaßen abdichten."[285] Vom Keller bis zum dritten Stock füllte sich das Haus mit Akten der Geheimen Staatspolizei. Kurz vor Kriegsende ließ die Gestapo das ganze Gebäude mit elektrischen Leitungen durchziehen, um es für eine Sprengung vorzubereiten.[286]

Doch dazu kam es nicht; das Haus hat überdauert. Über dem Eingang steht noch immer die Jahreszahl 1883. Wer aber ganz genau hinsieht, kann darüber auf einem breiten steinernen Band schwache Spuren einer Inschrift entziffern:

Israelitische Töchterschule.

NAMEN DER SCHULE

Seit 1884	Israelitische Töchterschule
Mai 1930	Mädchenschule der Deutsch-Israelitischen Gemeinde (Volks- und Realschule)
Oktober 1937	Mädchenschule der Deutsch-Israelitischen Gemeinde (Volks- und Oberschule)
April 1938	Jüdische Mädchenschule (Volks- und Oberschule)
1. April 1939	Talmud Tora Schule
November 1939	Volks- und Oberschule für Juden
Dezember 1939	Volks- und Höhere Schule für Juden
Seit Ende 1941	Jüdische Schule in Hamburg

ANMERKUNGEN

In den Anmerkungen werden folgende spezielle Abkürzungen benutzt:

CAHJP	Original in THE CENTRAL ARCHIVES FOR THE HISTORY OF THE JEWISH PEOPLE, Jerusalem, Mikrofilm im StA Hbg
DIG	Deutsch-Israelistische Gemeinde
IT	Israelitische Töchterschule
JG	Jüdische Gemeinde(n)
OSB	Oberschulbehörde
StA Hbg	Staatsarchiv Hamburg
TT	Talmud Tora Schule

1 Marcus Nordheim stammte aus „kleinsten Verhältnissen“. Er kam ganz jung aus Bayern nach Hamburg, gründete bald ein Geschäft mit Fellen und Häuten und gelangte zu großem Vermögen. Davon spendete er freigebig für soziale Einrichtungen. – Jahrelang war er Präses der DIG in Hamburg. – Für Hamburg stiftete er u.a. das „Seehospital“ in Sahlenburg bei Cuxhaven. Die Nordheimstraße in Hamburg ist nach ihm benannt. – Als Stifterin für die Israelitische Töchterschule setzte er seine Frau Sarah ein, mit der er in kinderloser Ehe lebte. Vgl.: Renate Hauschild-Thiessen, Marcus Nordheim (1812–1899), seine Familie und seine Stiftungen, in: „Hamburgische Geschichts- und Heimatblätter“, Band 11, Heft 3, Oktober 1983, S. 49 f.

2 StA Hbg, JG 538 d, 2. Sitzung der Bau-Commission v. 26. 2. 1883 (CAHJP).

3 StA Hbg, JG 537 c, Bd. II, Sitzungen des Schulvorstandes der Gemeindeschule v. 1. 2. 1880 und v. 5. 12. 1880 (CAHJP).

4 StA Hbg, OSB II, B 236, Nr. 8, Bericht betr. Revision der „Israelitischen Töchterschule“ vom 16. 8. 1889.

5 StA Hbg, JG 537 c, Bd. II, Sitzung des Schulvorstandes der Gemeindeschule vom 4. 1. 1880 (CAHJP).

6 Ebd., Sitzung des Schulvorstandes der Gemeindeschule vom 14. 3. 1880 (CAHJP).

7 Wie Anm. 4.

8 StA Hbg, JG 538 a, Marcus Nordheim an Schulvorstand, 7. 6. 1882 (CAHJP).

[9] Die Carolinenstraße wird heute Karolinenstraße geschrieben; die Kampstraße heißt jetzt Grabenstraße.

[10] StA Hbg, JG 538 a, Mitteilung des Senats an die Bürgerschaft, 6. 11. 1882 (CAHJP).

[11] StA Hbg, JG 538 d, Sitzung der Commission für den Bau einer israelitischen Töchterschule, 24. 1. 1883 (CAHJP).

[12] Ebd. 2. Sitzung der Bau-Commission v. 26. 2. 1883 (CAHJP).

[13] Ebd.

[14] StA Hbg, JG 537 c, Sitzung des Schulvorstandes der Gemeindeschule vom 5. 12. 1880 (CAHJP).

[15] Wie Anm. 12.

[16] Wie Anm. 4.

[17] Ebd.

[18] StA Hbg, JG 538 d, Schreiben an die Bau-Deputation v. 23. 9. 1884 (CAHJP).

[19] StA Hbg, JG 538 d (CAHJP).

[20] Ebd.

[21] Wie Anm. 4.

[22] StA Hbg, JG 538 d, Mary Marcus an den Vorstand der Israelitischen Töchterschule, 13. 7. 1885 (CAHJP).

[23] StA Hbg, JG 538 e, Mary Marcus an den Vorstand der Deutsch-Israelitischen Gemeinde, 10. 6. 1906 (CAHJP).

[24] StA Hbg, OSB II, B 236, Nr. 17, Physikus Sieveking an OSB, 18. 6. 1912. – Ähnlichen Ärger mit dem Straßenlärm hatten auch andere Schulen. Vgl.: Ortwin Pelc, „... geräuschloses Pflaster wäre wünschenswert“ in: Hamburgische Geschichts- und Heimatblätter, Band 11, Heft 1, Okt. 1982, S. 13 f.

[25] Wie Anm. 4.

[26] Wie Anm. 4.

[27] StA Hbg, OSB II, B 236, Nr. 8, Revisionsbericht v. 31. 10. 1902.

[28] StA Hbg, OSB II, B 236, Nr. 3.

[29] Helga Krohn, Die Juden in Hamburg. Hamburg 1974, S. 155.

[30] Ebd., S. 85 f.

[31] Wie Anm. 4.

[32] StA Hbg, JG 538 b, Statuten für die Israelitische Töchterschule, Hamburg 1884 (CAHJP).

[33] Wie Anm. 4.

[34] Wie Anm. 27.

[35] Wie Anm. 4.

[36] StA Hbg, OSB II, B 236, Nr. 1, Bd. 1, Bericht über das Schuljahr 1912–1913.

[37] StA Hbg, OSB II, B 236, Nr. 8, Revisionsbericht v. 15. 12. 1894.

[38] StA Hbg, OSB II, B 236, Nr. 1, Bd. 1, Hamburger Familienblatt Nr. 14, 25jähriges Jubiläum der Israelitischen Töchterschule am 28. 3. 1909.

[39] Wie Anm. 27.

40 StA Hbg, JG 538 f, Bericht der vom Repräsentanten-Collegium der DIG gewählten Commission betreffs des Gemeinde-Vorstands-Antrags: Israelitische Töchterschule. Undatiert, wahrscheinlich Herbst 1891 (CAHJP).

41 StA Hbg, JG 538 f, Promemoria des Vorstandes der IT, 20. 4. 1892 (CAHJP). In diesem Schreiben wird der Anlaß der Kontroverse deutlich.

42 Wie Anm. 40.

43 Wie Anm. 41.

44 StA Hbg, JG 538 f, An den löblichen Vorstand der Israelitischen Töchterschule Hamburg, 30. 12. 1891 (CAHJP).

45 Wie Anm. 40. Vgl.: Krohn (wie Anm. 29) S. 154.

46 StA Hbg. JG 538 f, Jahresbericht der Verwaltungsbehörden über das Jahr 1889, Hamburg 1890 (CAHJP).

47 Wie Anm. 40.

48 Ebd.

49 Wie Anm. 41.

50 Wie Anm. 44.

51 Ebd.

52 Wie Anm. 41.

53 Ebd.

54 Ebd.

55 Krohn (wie Anm. 29), S. 151.

56 Wie Anm. 37.

57 StA Hbg, OSB II, B 236, Nr. 3, OSB an Finanzdeputation, 5. 4. 1921.

58 Wie Anm. 27.

59 StA Hbg, OSB II, B 236, Nr. 3, Bericht der Finanz-Deputation, Domainen-Verwaltung, 2. 6. 1898.

60 StA Hbg, JG 538 e, Schreiben des Vorstandes der IT, undatiert (CAHJP).

61 Wie Anm. 27.

62 Aussage von Berthi K., die die Schule von 1909–1918 besucht hat.

63 Wie Anm. 27.

64 StA Hbg, JG 538 g, Bauvertrag (CAHJP).

65 StA Hbg, OSB II, B 236, Nr. 17, Hamburger Correspondent, 12. 4. 1910.

66 StA Hbg, OSB II, B 236, Nr. 1, Bd. 1, Bericht über das Schuljahr 1912–1913.

67 Ebd.

68 StA Hbg, OSB II, B 236, Nr. 1, Bd. 1, Hamburger Familienblatt Nr. 14, 25jähriges Jubiläum der Israelitischen Töchterschule am 28. 3. 1909.

69 Ebd.

70 StA Hbg, OSB II, B 236, Nr. 4, Lebenslauf von Marianne Marcus.

71 Sie unterschrieb: Marianne Marcus. Aus „Marianne“ wurde „Mary“. Eigentlich hieß sie „Mirjam“.

[72] StA Hbg, OSB II, B 236, Nr. 4, Abschrift aus dem Protokoll über Anstellung des Lehrpersonals, 13. 2. 1884.

[73] StA Hbg, JG 538 b (CAHJP).

[74] StA Hbg, OSB II, B 236, Nr. 4, Mathilde Lippmann, gestorben am 9. 4. 1899.

[75] Wie Anm. 4.

[76] Wie Anm. 27.

[77] StA Hbg, OSB II, B 236, Nr. 4, Zeugnisse von Minna Samson und Ehepaar Spitz.

[78] Wie Anm. 4.

[79] Wie Anm. 37.

[80] Wie Anm. 73.

[81] StA Hbg, JG 538 m, Konferenzprotokoll der IT vom 7. 12. 1911 (CAHJP).

[82] Wie Anm. 27.

[83] Ebd.

[84] StA Hbg, JG 538 m, Konferenzprotokoll der IT vom 24. 2. 1911 (CAHJP).

[85] StA Hbg, OSB II, B 236, Nr. 1, Bd. 1, Bericht über das Schuljahr 1912–1913.

[86] StA Hbg, JG 538 m, Konferenzprotokoll der IT vom 2. 6. 1904 (CAHJP).

[87] StA Hbg, JG 538 m, Konferenzprotokoll der IT vom 4. 9. 1913 (CAHJP).

[88] Wie stark gerade diese Stunden die Mädchen beeindruckt haben, wird daran deutlich, daß fast alle „Ehemaligen" spontan davon berichten.

[89] Wie Anm. 85.

[90] StA Hbg, OSB II, B 236, Nr. 4, M. Wolfermann, „Worte der Verehrung und Dankbarkeit", 16. 3. 1924.

[91] StA Hbg, OSB II, B 236, Nr. 1, Bd. 1, Bericht im „Hamburger Correspondent" vom 30. 3. 1908.

[92] Festschrift zum 50jährigen Bestehen der Schule 1863–1913. Anerkannte Höhere Mädchenschule, Lyzeum von J. Loewenberg, Hamburg 1913.

[93] StA Hbg, OSB II, B 236, Nr. 8, Revisionsbericht v. 3. und 4. 11. 1913.

[94] Wie Anm. 90.

[95] Ebd.

[96] StA Hbg., JG 538 r, Mitteilungen der DIG, Nachruf auf Dr. Julius Lippmann, unterschrieben MM (CAHJP).

[97] StA Hbg, JG 538 b, Schulordnung der IT, 1884 (CAHJP).

[98] Wie Anm. 85.

[99] StA Hbg, JG 538 m, Konferenzprotokoll v. 5. 6. 1913 (CAHJP).

[100] Wie Anm. 85.

[101] StA Hbg, JG 538 h, Bericht über 1914, Januar 1915 (CAHJP).

[102] StA Hbg, JG 534 l, Schulbericht 1911/1912 (CAHJP). Zitiert nach Krohn (wie Anm. 29), S. 153.

[103] StA Hbg, JG 534 d, Bericht über das Schuljahr 1914/15 (CAHJP). Zitiert nach Krohn (wie Anm. 29), S. 153.
[104] StA Hbg, TT 54, Bericht über das Schuljahr 1915–1916, Talmud Tora Schule (CAHJP).
[105] StA Hbg, JG 538 m, Konferenzprotokoll der IT vom 6. 9. 1918 (CAHJP).
[106] StA Hbg, JG 538 m, Konferenzprotokoll der IT vom 14. 2. 1919 (CAHJP).
[107] StA Hbg, JG 538 m, Konferenzprotokolle v. 13. 11. 1919 und 12. 12. 1919 (CAHJP).
[108] StA Hbg, OSB II, B 236, Nr. 3, Mitteilung des Senats an die Bürgerschaft, 15. 6. 1921.
[109] Wie Anm. 90.
[110] StA Hbg, OSB II, B 236, Nr. 4, Bericht über Dr. Jonas, von Oberdörffer, 28. 3. 1939.
[111] StA Hbg, JG 538 i, Bericht über Abschiedsfeier v. Mary Marcus, 20. 3. 1924 (CAHJP).
[112] StA Hbg, JG 538 q, Protokoll einer Besprechung über die mögliche Vereinigung der beiden jüdischen Hamburger Mädchenschulen vom 21. 1. 1924 (CAHJP).
[113] StA Hbg, Gemeindeblatt der Deutsch-Israelitischen Gemeinde zu Hamburg, Nr. 10, 6. Jahrgang, Jonas: „Vom Sinn der jüdischen Schule", 17. 10. 1930.
[114] StA Hbg, OSB II, B 236, Nr. 1, Bd. 2, Dr. Jonas an Oberschulrat, 30. 10. 1928.
[115] Ebd.
[116] Ebd.
[117] StA Hbg, OSB II, B 236, Nr. 1, Bd. 2, Antrag der DIG an OSB, 2. 2. 1926.
[118] StA Hbg, JG 538 p, Bericht über die Verhandlungen zur Vereinigung der jüdischen Mädchenschulen; undatiert (CAHJP).
[119] Wie Anm. 112.
[120] Wie Anm. 118.
[121] Ebd.
[122] StA Hbg, JG 538 q, Bericht über die Aussprache zwischen Frl. Philip und Dr. Jonas; undatiert (CAHJP).
[123] StA Hbg, OSB II, B 236, Nr. 1, Bd. 2, OSB an die Leitung der IT v. 1. 4. 1926.
[124] Ebd., OSB an die Leitung der IT v. 10. 3. 1928.
[125] Ebd., Oberschulrat Dr. Doermer an den Präses der OSB, 18. 2. 1930.
[126] Ebd., Anerkennung als Realschule für Mädchen durch den Präses der OSB, 21. 2. 1930.
[127] Ebd., Dr. Jonas an Dr. Doermer, 24. 2. 1930.
[128] Ebd., Vorstand der Mädchenschule an OSB, 22. 5. 1930.
[129] StA Hbg, OSB II, B 236, Nr. 3, DIG an OSB, 2. 2. 1931.

130 Ebd., DIG an OSB, 7. 5. 1931.

131 StA Hbg, OSB II, B 236, Nr. 1, Bd. 2, Entwurf der Statuten für die Mädchenschule der DIG, undatiert, wahrscheinlich 1930.

132 Hamburger Familienblatt, 37. Jg., S. 1, 22. 3. 1934.

133 StA Hbg, Gemeindeblatt der DIG zu Hamburg, Nr. 10, 6. Jg., 17. 10. 1930. Dr. Jonas: „Vom Sinn der jüdischen Schule".

134 StA Hbg, OSB II, B 236, Nr. 6, Statistische Übersicht, Fragebogen.

135 StA Hbg, OSB II, B 236, Nr. 6, Dr. Jonas an Schulverwaltung, 19. 9. 1938.

136 StA Hbg, TT 63, 9. 7. 1935 (CAHJP).

137 StA Hbg, Schulwesen-Personalakten A 717, Personalakte Dr. Spier. Handschriftlich aufgezeichnete Erinnerungen, 1980.

138 StA Hbg, Senatskanzlei, Präs. Abt., 1934, A 11/1, Aufhebung der Privatschulen, 5. 12. 1934.

139 StA Hbg, Senatskanzlei, Präs. Abt., 1935, A 35, Abschrift 5. 11. 1935.

140 StA Hbg, OSB II, B 236, Nr. 8, Bescheinigung der Schulverwaltung für Dr. Jonas, 28. 3. 1939, und StA Hbg, Schulwesen-Personalakten A 717, Personalakte Dr. Spier, Bericht über Direktor Arthur Spier von Oberschulrat Oberdörffer vom 13. 4. 1939, aus dem Deutschen ins Englische übersetzt, Blatt 12.

141 StA Hbg, OSB VI, F XVI d 1, Abschrift, zitiert in Aktenvermerk v. 30. 11. 1938.

142 StA Hbg, OSB VI, F XVI d 1/1, Richtlinien zur Aufstellung von Lehrplänen für jüdische Volksschulen.

143 StA Hbg, OSB VI –2– F XVI d 1/1, Dr. Jonas an die Schulbehörde, 30. 11. 1937.

144 StA Hbg, TT 35, Vorschläge für die Prüfungsarbeiten der Klasse 8 – 1939 – Deutscher Aufsatz, Mädchen (CAHJP),

145 Ebd., Deutscher Aufsatz, Jungen (CAHJP).

146 StA Hbg, TT 41, Vorschläge für die Prüfungsarbeit der Klasse VIII, 1940, Deutscher Prüfungsaufsatz (CAHJP).

147 StA Hbg, OSB VI, F XVI d 1/1, Schreiben der Schul- und Kulturbehörde, 9. 12. 1937.

148 Krohn (wie Anm. 29), S. 142.

149 StA Hbg, Familie Lippmann A 24, 9. 1. 1938.

150 StA Hbg, TT 73, Festspiel für eine Chanukka-Feier, verfaßt von Herrn Alfred Auerbach, ehemaliges Mitglied des Frankfurter Stadttheaters, angeboten vom Philantropin, Frankfurt, 25. 10. 1940 (CAHJP).

151 StA Hbg, Hamburger Tageblatt vom 7. 7. 1939, 2. Ausgabe: „Auswanderung der Juden wird beschleunigt".

152 Ebd.

153 StA Hbg, TT 51, Bericht über die in Hamburg bestehenden Einrichtungen der Reichsvereinigung der Juden in Deutschland zur Förderung bzw. zur Vorbereitung der Auswanderung. Spier an Geheime Staatspolizei, 4. 12. 1939 (CAHJP).

154 StA Hbg, TT 63, Verzeichnis der Schüler, die nach dem 1. 1. 1938 in die Talmud Tora Schule eingeschult wurden, 7. 9. 1938 (CAHJP). Die Liste zeigt – wie zahllose andere Listen – die Unterbringung auswärtiger Schüler.

155 StA Hbg, TT 63, Spier an Schulverwaltung, 14. 9. 1938 (CAHJP).

156 StA Hbg, OSB VI –2– F II a 9, Aktenvermerk betr. Verlegung der TT, 10. 7. 1939.

157 StA Hbg, Schulwesen-Personalakten A 717, Personalakte Dr. Spier, Bericht über Spier von Oberdörffer v. 13. 4. 1939, aus dem Deutschen ins Englische übersetzt, Blatt 12.

158 Ursel Hochmuth/Gertrud Meyer, Streiflichter aus dem Hamburger Widerstand 1933–1945, Frankfurt 1980, S. 217.

159 Peter Freimark (Hg.), Juden in Preußen – Juden in Hamburg. Hamburg 1983, S. 84.

160 Wie Anm. 157.

161 Aussage von Frau Elisabeth Lilienthal, Montevideo.

162 Die jüdischen Opfer des Nationalsozialismus in Hamburg, Hamburg 1965, S. 102.

163 StA Hbg, TT 73, Spier an Frau Exiner, c/o Movement for the Care of Children from Germany Ltd., 8. 8. 1939 (CAHJP). Spier weist in diesem Schreiben ausdrücklich darauf hin, im Auftrag der Geheimen Staatspolizei nach London zu reisen.

164 StA Hbg, Schulwesen-Personalakten A 717, Personalakte Dr. Spier, Bescheinigung vom 12. 12. 1938, Blatt 2.

165 Aussage von Esther B., geb. Jonas.

166 Wie Anm. 164.

167 StA Hbg, TT 73 (CAHJP).

168 Wie Anm. 163.

169 Wie Anm. 137.

170 Aussage von Esther B., geb. Jonas.

171 StA Hbg, TT 63, Schülerzahlen Ostern 1938/31. Januar 1939, 1. 2. 1939 (CAHJP).

172 StA Hbg, TT 63, Schülerzahlen Mai, Juni, Juli 1939, 5. 7. 1939 (CAHJP).

173 Wie Anm. 171.

174 StA Hbg, Erlaß des Reichsministers für Wissenschaft, Erziehung und Volksbildung im Amtsblatt, H. 22, S. 522.

175 Wie Anm. 171.

176 StA Hbg, OSB VI, F XVI d 1/2, Aktenvermerk vom 24. 11. 1938.

177 StA Hbg, TT 51, Spier an Gestapo, 24. 10. 1939 (CAHJP).

178 StA Hbg, OSB VI –2– F II a 9, Aktenvermerk, 8. 7. 1939.

179 StA Hbg, TT 51, Bericht über die Verlegung . . ., Spier an die Gestapo, 24. 10. 1939.

180 StA Hbg, TT 51, Spier an Gestapo, 20. 9. 1939 (CAHJP).

181 StA Hbg, OSB VI –2– F II a 9, Schulverwaltung an die Staatsverwaltung der Hansestadt Hamburg, 11. 9. 1939.

[182] StA Hbg, TT 84, Entwurf des Kaufvertrages, undatiert (CAHJP).

[183] StA Hbg, TT 63, Spier an die Liegenschaftsverwaltung, 11. 5. 1939 (CAHJP).

[184] StA Hbg, OSB VI –2– F II a 9, Statistik über die Klassen und Schüler der TT, 9. 10. 1939.

[185] StA Hbg, OSB VI –2– F II a 9, Spier an Schulverwaltung, 9. 10. 1939.

[186] StA Hbg, OSB VI –2– F II a 9, Reichsvereinigung der Juden in Deutschland, Berlin, an die Höhere Jüdische Schule in Hamburg, Abschrift, 22. 11. 1939.

[187] StA Hbg, TT 73, Mitteilung der Volks- und Höheren Schule für Juden an Allgemeine Ortskrankenkasse, 28. 12. 1939 (CAHJP).

[188] StA Hbg, OSB VI, F XVI d 2, Mitteilung von Dr. Jonas an Kultur- und Schulbehörde, 29. 10. 1937.

[189] StA Hbg, OSB VI, F XVI d 2, Mitteilung von Dr. Jonas an Schulverwaltung, 27. 4. 1938.

[190] StA Hbg, TT 41, Verzeichnis der Abiturienten, 28. 2. 1940 (CAHJP).

[191] StA Hbg, TT 73, Bericht über Benjamin Beck, 18. 7. 1939 (CAHJP).

[192] StA Hbg, TT 73, Karl Löbl an Spier, 22. 11. 1939 (CAHJP). Benjamin Beck, geb. 3. 8. 1921 in Hamburg, ist offenbar noch einmal zurückgekehrt. Das „Gedenkbuch" verzeichnet ihn unter den Opfern, die am 12. 2. 1943 nach Auschwitz deportiert wurden.

[193] StA Hbg, TT 41, Verzeichnis der Abiturienten, 28. 2. 1940 (CAHJP).

[194] Ebd., Gutachten über Oskar Judelowitz, 28. 11. 1939.

[195] Ebd., Gesuch um Zulassung zur Reifeprüfung, Oskar Judelowitz, 26. 11. 1939.

[196] Ebd., Gutachten über Rolf Levisohn, 28. 11. 1939.

[197] Ebd., Personalblatt Rolf Levisohn.

[198] Ebd., Gutachten über Rolf Levisohn, 28. 11. 1939.

[199] Ebd., Vorschläge für die Prüfungsarbeit der Klasse VIII/1940, Dezember 1939.

[200] Ebd., Rolf Levisohn, Prüfungsaufsatz, 14. 12. 1939.

[201] Ebd., Gesuch um Zulassung zur Reifeprüfung, Rolf Levisohn, 26. 11. 1939.

[202] Seit dem Frühjahr 1939 mußte jeder Jude zur Kennzeichnung „Israel" bzw. „Sara" hinter seinen Vornamen setzen, falls der Name nicht eindeutig jüdisch war.

[203] Die jüdischen Opfer des Nationalsozialismus in Hamburg, Hamburg 1965.

[204] StA Hbg, Schulwesen-Personalakten A 717, Personalakte Dr. Spier, Geheime Staatspolizei an Spier, 1. 3. 1940.

[205] Ebd., Handschriftliche Erinnerungen, 1980.

[206] StA Hbg, Spier an Schulverwaltung, 4. 3. 1940.

[207] StA Hbg, Schulwesen-Personalakten A 717, Personalakte Dr. Spier, der Vorstand des Jüdischen Religionsverbandes Hamburg an Spier, 19. 2. und 1. 3. 1940.

208 StA Hbg, OSB II, B 236, Nr. 4, Nachtrag zu der für Dr. Alberto Jonas ausgestellten Bescheinigung vom 28. 3. 1939, 3. 12. 1940.

209 Aussage von Esther B., geb. Jonas.

210 StA Hbg, TT 25, Abgangszeugnis von Kurt Israel Adolf, geb. 19. 11. 22, Schüler der Unterprima, 15. 3. 1940 (CAHJP).

211 StA Hbg, TT 63, Jonas an Schulverwaltung, 14. 5. 1941 (CHAJP).

212 StA Hbg, TT 73, Ausstellung eines Ausweises für Berufstätige, 24. 4. 1941 (CAHJP).

213 Sondergesetze für Juden, in: Leo Lippmann, Mein Leben und meine amtliche Tätigkeit. Hg. v. Werner Jochmann. Anhang. Hamburg 1964.

214 StA Hbg, TT 51, Jüdische Schule in Hamburg an Jüdischen Religionsverband, Angaben über Anzahl der Lehrpersonen, Schüler, Angestellten und Reinmachefrauen vom 16. 10. 1941 (CAHJP). Diese Zahlen wurden seit 1939 regelmäßig monatlich dem Jüdischen Religionsverband gemeldet.

215 StA Hbg, OSB VI, F XVI e 2, Schulliste vom 1. 10. 1941.

216 StA Hbg, TT 51, Personalliste vom 16. 10. 1941 (CAHJP).

217 StA Hbg, TT 50, Gehaltsbescheinigung für Naftali Eldod, 17. 6. 1941 (CAHJP).

218 StA Hbg, OSB VI –2– F II a 9, Schulverwaltung an Staatsverwaltung der Hansestadt Hamburg, 11. 9. 1939.

219 Das Tragen des Davidsterns war seit dem 1. September 1941 vorgeschrieben.

220 Vgl. Lippmann (wie Anm. 213). Anhang.

221 Die jüdischen Opfer des Nationalsozialismus in Hamburg, Hamburg 1965. Ein Vergleich der Namen auf der Kollegiumsliste vom 15. Juni 1941 mit den Namen auf der Liste der Opfer läßt den Schluß auf die jeweiligen Deportationsdaten zu (StA Hbg, TT 51, CAHJP).

222 Wilhelm Mosel, Wegweiser zu den ehemaligen Stätten jüdischen Lebens oder Leidens in den Stadtteilen Neustadt/St. Pauli. Hamburg 1983, S. 89 f. – Die im folgenden genannte Anzahl der Kinder wurde nach den abgelegten „Halbjährlichen Zeugnissen" mit dem Vermerk „abgewandert" ermittelt: Sta Hbg, TT 17 (CAHJP).

223 StA Hbg, TT 50, Leoni Briske an Dr. Jonas, 20. 11. 1941 (CAHJP).

224 StA Hbg, TT 50, Leoni Briske an Bertha Hirsch, undatiert (CAHJP).

225 StA Hbg, TT 17, „Halbjährliche Zeugnisse" (CAHJP).

226 StA Hbg, TT 51, Jüdische Schule in Hamburg an Jüdischen Religionsverband, Angaben über die Anzahl der Lehrpersonen etc. am 1. Januar 1942, 18. 1. 1942 (CAHJP).

227 Ebd.

228 StA Hbg, OSB VI, E V d 52 b, Dr. Jonas an Schulverwaltung, 23. 12. 1941.

229 Ebd., Rückseite des Schreibens.

230 StA Hbg, TT 51, Jüdische Schule an Jüdischen Religionsverband, 18. 12. 1941 (CAHJP). Der Name „Jüdische Schule in Hamburg" taucht seit dem

Spätsommer 1941 immer häufiger in den Papieren der Schule auf.

231 StA Hbg, TT 51, Jüdische Schule an Jüdischen Religionsverband, Anzahl der Lehrpersonen etc., 18. 1. 1942 (CAHJP).

232 StA Hbg, TT 50, Bericht über Rebecka Cohn, 7. 12. 1938 (CAHJP).

233 StA Hbg, TT 26, Abgangszeugnisse und Berichte vom 30. 6. 1942 (CAHJP). Die Verteilung der letzten Kinder auf die Lehrkräfte kann daran abgelesen werden.

234 Aussage von Esther B., geb. Jonas.

235 StA Hbg, TT 51, Jüdische Schule an Jüdischen Religionsverband, 16. 3. 1942 (CAHJP).

236 StA Hbg, TT 73, Walther Weinberg an Dr. Jonas, 29. 1. 1942 (CAHJP),

237 StA Hbg, TT 73, Dr. Jonas an Walther Weinberg, Febr. 1942 (CAHJP).

238 StA Hbg, TT 73, Walther Weinberg an Dr. Jonas, 28. 3. 1942 (CAHJP).

239 StA Hbg., TT 63, Dr. Jonas an Schulverwaltung, 25. 3. 1942 (CAHJP).

240 StA Hbg, OSB VI, E V d 52 b, Schulverwaltung an Geheime Staatspolizei, 28. 3. 1942.

241 Ebd.

242 Ebd.

243 StA Hbg, OSB VI, E V d 52 b, Schulverwaltung an Liegenschaftsverwaltung, 10. 4. 1942.

244 StA Hbg, OSB VI, E V d 52 b, Schreiben der Volksschule an Schulverwaltung, 2. 4. 1942.

245 SHD = Sicherheits- und Hilfsdienst.

246 Wie Anm. 244.

247 StA Hbg, OSB VI, E V d 52 b, Schreiben der Schulverwaltung, 7. 4. 1942 (handschriftlich).

248 StA Hbg, OSB VI, E V d 52 b, Schulverwaltung an Zentralbüro des Reichsstatthalters in Hamburg, 20. 4. 1942.

249 Ebd.

250 StA Hbg, OSB VI, E V d 52 b, Der Höhere SS- und Polizeiführer an Geheime Staatspolizei, 29. 4. 1942.

251 StA Hbg, TT 73, Dr. Jonas an Gestapo, 6. 5. 1942 (CAHJP).

252 StA Hbg, OSB VI, E V d 52 b, Schulverwaltung an Liegenschaftsverwaltung, 6. 6. 1942. (H. Wendpap – s. Literaturverzeichnis – gibt als Jahr der Übergabe 1943 an.)

253 Leo Lippmann, Der Jüdische Religionsverband Hamburg im Jahre 1942. Hamburg 1943, S. 5 f.

254 StA Hbg, Familie Plaut, B 11/4, Hamburger Familienblatt vom 14. 9. 1933, Nr. 37, S. 3, 50-Jahr-Feier des Hamburgischen Deutsch-Israelitischen Waiseninstituts.

255 StA Hbg, TT 26, Abgangszeugnisse und -berichte vom 30. 6. 1942 (CAHJP).

256 StA Hbg, OSB VI, E V d 52 b, Schulverwaltung an Liegenschaftsverwaltung, 6. 6. 1942.

257 Ebd., Verzeichnis der beim Umzuge zurückgelassenen Gegenstände, 12. 5. 1942.

258 Vgl. Wolfgang Scheffler, Judenverfolgung im Dritten Reich, Berlin 1960, S. 122.

259 StA Hbg, TT 26, Abgangszeugnisse und -berichte vom 30. 6. 1942 (CAHJP). Leo Lippmann, Der Jüdische Religionsverband Hamburg im Jahre 1942. Hamburg 1943 (masch.), S. 5 f., nennt geringfügig abweichende Zahlen. Tatsächlich schwankten die Schülerzahlen bis zuletzt um die Zahl 80.

260 StA Hbg, (wie Anm. 259).

261 Vgl. Die jüdischen Opfer des Nationalsozialismus, Hamburg 1965.

262 Aussage von Esther B., geb. Jonas.

263 Wie Anm. 261.

264 Von den letzten Kindern, deren Deportationsdaten nicht ermittelt werden konnten, waren die meisten „Mischlinge". (Festgestellt anhand der Steuerkartei der Jüdischen Gemeinde, StA Hbg).

265 StA Hbg, Deportierten-Kartei, Rückkehrer.

266 StA Hbg, Steuerkartei der Jüdischen Gemeinde Hamburg. – Dr. Cohen, Jerusalem, gab Auskunft über Jacob Katzenstein.

267 Aussage von Esther B., geb. Jonas.

268 StA Hbg, OSB VI –2– F XVI d 1/2, Schulliste vom 1. 10. 1941.

269 StA Hbg, OSB VI, E V d 52 b. Dr. Leo Lippmann, 2. Vorsitzender des Jüdischen Religionsverbandes Hamburg, hat fast alle im folgenden genannten Schreiben des Verbandes unterschrieben.

270 StA Hbg, OSB VI, E V d 52 b, Schulverwaltung an Liegenschaftsverwaltung, 13. 11. 1942.

271 Ebd., Dr. Jonas an Schulverwaltung, 16. 7. 1942.

272 Ebd., handschriftlicher Vermerk auf dem Schreiben.

273 StA Hbg, OSB VI, E V d 52 b, Jüdischer Religionsverband an Schulverwaltung, Bauabteilung, 23. 11. 1942. Lippmann erwähnt „Unstimmigkeiten zwischen der Schulverwaltung und der Sozialverwaltung betreffend Verteilung einzelner strittiger Gegenstände".

274 Ebd., Jüdischer Religionsverband an Schulverwaltung, Bauabteilung, 27. 10. 1942.

275 Ebd., Jüdischer Religionsverband an Schulverwaltung, Bauabteilung, 23. 11. 1942.

276 Ebd., Jüdischer Religionsverband an Schulverwaltung, Bauabteilung, 29. 12. 1942.

277 Ebd., Vermerke auf Vorder- und Rückseite des Schreibens.

278 Bezirksamt Hamburg-Mitte, Liegenschaftsamt, 92.97-120/27 Nr. 337 des Urkundenregisters für 1942. Verhandelt 1. 11./18. 12. 1942.

279 StA Hbg, OSB VI, E V d 52 b, Liegenschaftsverwaltung an Schulverwaltung, 9. 6. 1942.

[280] Die jüdischen Opfer des Nationalsozialismus in Hamburg, 1965, S. 95.

[281] Hans Wendpap, 40 Jahre Dienst an sprachkranken Hamburger Kindern. Chronik der Schule für Sprachkranke am rechten Alsterufer Karolinenstr. 35, Hamburg 1962, S. 25.

[282] Bezirksamt Hamburg-Mitte, Liegenschaftsamt 92. 97-120/27, Vertrag vom 13. 3. 1945.

[283] Bezirksamt Hamburg-Mitte, Liegenschaftsamt 92.97-120/27, Gemeindeverwaltung an Geheime Staatspolizei, 20. 5. 1944.

[284] Wendpap (wie Anm. 281) S. 29.

[285] Ebd., S. 29.

[286] Ebd.

BENUTZTE UND WEITERFÜHRENDE LITERATUR

Die jüdischen Opfer des Nationalsozialismus in Hamburg. Hamburg 1965.

Knut Bergmann, Die Geschichte der Talmud-Tora-Schule in Hamburg 1805–1942 unter besonderer Berücksichtigung des Gebäudes Grindelhof 30. Diplomarbeit Hamburg 1981.

Peter Freimark (Hg.), Juden in Preußen – Juden in Hamburg. Hamburg 1983 (=Hamburger Beiträge zur Geschichte der deutschen Juden, Bd. X).

Ursel Hochmuth / Gertrud Meyer, Streiflichter aus dem Hamburger Widerstand 1933–1945. Nachdruck der Ausgabe von 1969. Frankfurt 1980.

Helga Krohn, Die Juden in Hamburg. Hamburg 1974 (=Hamburger Beiträge zur Geschichte der deutschen Juden, Bd. IV).

Leo Lippmann, Ein Beitrag zur Geschichte der Deutsch-Israelitischen Gemeinde in Hamburg (Jüdischer Religionsverband Hamburg e.V.) in der Zeit vom Herbst 1935 bis zum Mai 1941. Hamburg 1942 (Schreibmaschinenmanuskript).

Leo Lippmann, Der Jüdische Religionsverband Hamburg im Jahre 1942. Die Liquidation der jüdischen Stiftungen und Vereine in Hamburg. Hamburg 1943 (Schreibmaschinenmanuskript).

Leo Lippmann, Mein Leben und meine amtliche Tätigkeit. Herausgegeben von Werner Jochmann. Hamburg 1964.

(Jacob Loewenberg), Festschrift zum 50jährigen Bestehen der Schule 1863–1913. Anerkannte Höhere Mädchenschule, Lyzeum von J. Loewenberg. Hamburg 1913.

Wilhelm Mosel, Wegweiser zu den ehemaligen Stätten jüdischen Lebens oder Leidens in den Stadtteilen Neustadt / St. Pauli. Hamburg 1983.

Christel Riecke, Die Juden in Hamburg 1933–1938. Diplomarbeit Hamburg 1973.

Wolfgang Scheffler, Judenverfolgung im Dritten Reich. Berlin 1960.

Inge Varchmin, Die Talmud Tora Schule in Hamburg von 1933–1942. Zu den Existenzbedingungen einer jüdischen Schule unter dem Nationalsozialismus. Examensarbeit Hamburg 1980.

Hans Wendpap, 40 Jahre Dienst an sprachkranken Hamburger Kindern. Chronik der Schule für Sprachkranke am rechten Alsterufer Karolinenstraße 35. Hamburg 1962 (Schreibmaschinenmanuskript).

ABBILDUNGSNACHWEIS

1. Christa Kujath, Hamburg
2. Hamburgisches Seehospital Nordheim-Stiftung 1906–1956.
3. StA Hbg, OSB II, B 236, Nr. 1, Bd. 1
4. Israelitisches Familienblatt, 32. Jahrgang, Nr. 18, Ausgabe für Groß-Berlin, 1. 5. 1930
5. Jewish Historical General Archives, Jerusalem, AHW/TT 94, Nr. 2
6. Jewish Historical General Archives, Jerusalem, AHW/TT 94, Nr. 1
7. Jewish Historical General Archives, Jerusalem, AHW/TT 94, Nr. 3
8. Jewish Historical General Archives, Jerusalem, AHW/TT 94, Nr. 12
9. Jewish Historical General Archives, Jerusalem, AHW/TT 94, Nr. 10
10. Jewish Historical General Archives, Jerusalem, AHW/TT 94, Nr. 19
11. StA Hbg, Archiv der Familie Lippmann A 24
12. StA Hbg, Archiv der Familie Lippmann A 24
13. StA Hbg, Archiv der Familie Lippmann A 24
14. Privatbesitz von Frau Elisabeth S. de Lilienthal, Montevideo, Uruguay
15. StA Hbg, Archiv der Familie Lippmann A 24
16. StA Hbg, TT 26 (CAHJP)
17. StA Hbg, OSB VI, 2 F XVI d 1/2